제2판

TVM중심의 알기쉬운

금융수학

함 형 준

유원북스

제2판 서문

우리가 살아가고 있는 현대 사회는 '돈'없이는 단 하루도 살기 어려운 금융자본주의 사회이다. 밥 한 끼를 먹어도, 차 한 잔을 마셔도, 버스나 전철을 타려고 해도 돈 없이는 불가능하다. 또한 지금의 대한민국 사회는 평균수명이 빠르게 늘어 명실상부한 백세시대로 접어들었으며, 노인 세대가 전체 인구에서 큰 비중을 차지하는 고령사회에 진입해 있다. 전체 생존 기간의 증가로 기본적인 삶을 유지하는 데 필요한 자금은 계속 증가하고 있으며, 높아진 생활 수준으로 인해 사람들의 욕구는 점점 다양해지고 있다. 하지만 우리 사회는 성장 동력이 날로 쇠약해지는 저성장 국면에 접어들었고, 저금리 시대의 도래로 원하는 자금을 준비하는 일은 점점 더 어려워지고 있다. 따라서 현대 사회를 살아가는 사람들의 다양한 재무목표와 욕구를 해결하기 위해선 '돈'과 '금융'에 대한 이해와 기본적인 지식이 꼭 필요하다.

또한 금융을 전공하는 사람들은 이러한 '돈'이 언제, 얼마나 필요할지, 그 자금을 모으기 위해서는 수익률이 몇 %가 되어야 하며, 얼마씩 저축이나 투자를 해야 하는지, 만약 대출을 사용하게 된다면 언제 얼마나 상환해야 할지 등을 계산할 수 있어야 한다. 그래야 자신의 미래에 대한 계획은 물론 앞으로 사회에 진출해서 마주하게 될 수많은 고객의 '돈'과 관련된 계획을 세우고, 이 계획의 실행을 도울 수 있을 것이다.

이 책은 '화폐의 시간가치(Time Value of Money; TVM)'에 대한 전반적인 이해를 기반으로 '돈' 계산을 잘 할 수 있는 방법을 이해하는 것을 목표로 한다. 단 각 계산에 대한 복잡한 수학적 증명은 배제하고, 누구나 쉽게 이용할 수 있는 스마트폰 어플리케이션과 재무 계산기를 이용하여 빠르고 효과적으로 계산하는 방법을 집중적으로 학습하게 될 것이다.

이 책은 경영, 경제, 금융 관련학과 학생들의 화폐의 시간가치 기초 및 기본적인 개념을 정립하게 될 것이다. 또한 실제 실생활에서 자주 부딪히게 되는 다양한 금융 사례를 기반으로 저축액 산출, 대출 상환액 계산, 결혼자금이나 교육자금과 같은 목적자금의 계산, 은퇴자금의 산출, 보험가입금액 계산, 투자 타당성 검토 방법 등을 학습하게 될 것이다. 따라서 은행, 증권, 보험 등 금융업에서 처음 실무를 접하는 신입사원들의 입문서로 활용하여도 좋을 것이다. 또한 CFP(국제공인재무설계사), CFA(국제재무분석사), 국제FRM(재무위험관리사) 등 금융 관련 고급자격증을 준비하는 이들에게도 도움이 될 것이다.

졸저이지만 화폐의 시간가치 계산을 어렵게 느끼고 있는 학생들과 사회 초년병, 금융 자격증 준비자들에게 이 책이 조금이라도 보탬이 되었으면 하는 마음이다.

변함없는 삶의 원동력인 사랑하는 내 딸, 항상 넘치는 애정과 관심을 주는 나의 학생들, 출판의 기회를 제공해 주신 유원북스 이구만 대표님께 이 책을 바치며 감사의 마음을 전한다.

2024년 8월

저자 함형준

차례

Chapter

01

화폐의 시간가치

1.1 화폐의 시간가치의 의미

화폐의 시간가치(Time Value of Money, 이하 TVM)는 '화폐가 시간에 따라서 다른 가치를 갖는 것'을 의미한다.

이것은 같은 100,000원이라는 돈이 갖는 가치가 과거 시점에 평가한 것과 현재 시점에서 평가한 것이 다르다는 것이다. 우리들이 모두 좋아하는 짜장면을 예를 들어 설명해보자.

짜장면으로 알아보는 화폐의 시간가치

통계청에서 제공하는 '통계로 시간여행' 서비스와 인터넷 검색을 통해 시대별 짜장면 한 그릇의 가격을 찾아보면 대략 다음과 같음을 알 수 있다.

- 1970년 : 50원
- 1980년 : 300원
- 1990년 : 1,136원
- 2000년 : 2,500원
- 2010년 : 3,738원
- 2020년 : 5,466원

만약 우리에게 10,000원이라는 돈이 있다면, 1970년에는 짜장면을 200그릇이나 사서 먹을 수 있는 큰돈이었다. 하지만 2000년에는 10,000원으로 4그릇을 살 수 있다. 그렇다면 2030년에는 어떻게 될까? 물론 어디에 있는 식당인지에 따라 달라지겠지만

10,000원으로 주문할 수 있는 짜장면은 대략 1그릇 정도일 것이다.

이와 같이 우리가 가지고 있는 돈은 똑같이 10,000원으로 동일하지만, 이 돈으로 구매할 수 있는 상품이나 서비스의 크기는 그 시대에 따라 달라진다. 이러한 것이 바로 '화폐의 시간가치'이다.

그러면 이와 같이 시간에 따라 돈의 가치가 달라지는 이유는 무엇일까? 무엇보다 가장 큰 이유는 '물가상승' 때문일 것이다. 앞에서 살펴본 짜장면 사례에서도 알 수 있듯이 짜장면의 가격이 시간이 흐르면서 계속 오르게 된다. 1970년에 50원이던 짜장면 한 그릇 가격은 50년 뒤인 2020년에는 5,466원으로 100배가 넘게 오르게 된다. 그러다 보니 동일한 돈으로 구매할 수 있는 짜장면의 숫자는 계속 감소하게 되는 것이다. 이러한 화폐의 시간가치는 다음과 같은 특징을 갖는 것을 알 수 있다.

"현재 보유하고 있는 100원은 투자를 통해 그 가치를 증가시킬 수 있기 때문에 미래 일정 시점의 100원보다는 높은 가치를 갖는다."

즉 대부분의 경우 같은 금액의 돈이라고 하면 지금의 돈이 미래의 돈보다 더 큰 가치를 갖게 되고, 이 돈으로 구매할 수 있는 상품이나 서비스의 크기도 큰 것이다. 이렇게 상품과 용역(서비스)을 살 수 있는 재력을 '구매력'이라고 표현한다. 구매력은 구입비용에 상응하는 상품이나 용역의 가치에 대한 양이다.

따라서 개인과 기업 모두 보유하고 있는 자산이 줄어들거나 구매력이 감소하는 것은 원하지 않으며, 자산이 증가하고 이에 따라 구매력이 증가하는 것을 희망한다. 그러므로 우리가 여러 재무적 의사결정을 함에 있어 '화폐의 시간가치'는 자산의 증가와 감소, 구매력의 증가와 감소 등에 결정적인 역할을 하게 된다.

1.2 TVM에 대한 이해가 필요한 이유

그렇다면 우리는 왜 이러한 화폐의 시간가치에 대해서 이해를 해야 하는 것일까? 개인으로서 삶을 살아가면서든, 기업을 운영하는 입장에서든 우리는 돈과 관련된 수많은 의사결정을 할 수 밖에 없다. 그런데 돈에 관하여 현명하지 못하고 잘못된 결정을 내리면 어떻게 될까? 필요한 시기에 필요한 만큼의 돈이 준비되지 못하여 곤란을 겪게 되거나, 어렵게 형성한 자산이 감소하는 아픔을 맛보게 된다. 경우에 따라서는 파산을 하게 되거나, 빚에 쫓기는 상황이 될 수도 있다. 따라서 개인의 입장이든, 기업의 입장이든 모두 다 돈과 관련해서는 가능한 잘못된 결정을 배제하고 옳은 결정, 현명한 결정을 하고 싶어 한다.

• 개인으로서 재무적 의사결정이 필요한 경우의 예
  - 2% 예금에 투자한 원금 1,000만원은 3년 뒤 얼마가 될까?
  - 5년 뒤로 예정되어 있는 나의 결혼 자금은 얼마나 필요할까?
  - 10년 뒤 은퇴를 희망하는 고객의 노후자금은 얼마나 준비해야할까?
  - 대출을 받을 때 원금균등상환과 원리금균등상환 중 어느 방식이 좋을까?
  - 전세로 계속 살 것인가 아니면 대출을 받아 집을 구매할 것인가?
  - 내가 투자하고 있는 유가증권(채권 또는 주식)의 가치는 적정한가?

• 기업 운영 시 재무적 의사결정이 필요한 경우의 예
  - 5억 원이 소요될 것으로 예상되는 신규 사업에 투자할 것인가 말 것인가?
  - 큰 계약을 체결하고자 하는 A기업의 재무구조는 양호한가?
  - 지금과 같은 이익률을 유지한다고 할 때 우리 회사의 5년 뒤 모습은?
  - 투자 기업 주식의 적정한 가치는 얼마인가?
  - 자금 조달 시 채권 발행과 유상증자 중 더 나은 방법은?

올림픽 금메달리스트의 고민?

대한민국 양궁 국가대표 홍길동(22세) 선수는 올림픽에 출전해서 천신만고 끝에 금메달을 목에 걸게 되었다. 운동선수로서 올림픽 금메달리스트가 된다는 것은 정말 최고의 영예가 아니겠는가? 그런데 홍길동 선수에게 고민이 한 가지 생겼다. 그것은 올림픽 금메달리스트에게 부여되는 특전에 대한 것이었는데, 그 내용은 다음과 같다.

국민체육진흥공단에서는 금메달 수상 선수들에게 다음 중 한 가지 방법을 선택하여 포상금을 수령하라고 통보해 왔다.

1) 본인 사망 시까지 평생 매월 100만원의 연금 지급

2) 일시금 6,720만원 지급

홍길동 선수는 이 두 가지 방법 중 한 가지만을 선택할 수 있다. 과연 포상금을 어떤 방식으로 받는 것이 유리하겠는가?

두 방법 중 어느 방법이 더 좋겠는지를 따져보는 데에는 많은 변수가 있을 것이다. 여기서는 기본적인 몇 가지 가정을 세워서 따져보도록 하겠다. 2022년 통계청에서 발표한 완전생명표에 의하면 22세인 홍길동 선수의 기대여명은 58.3년이다. 이 이야기는 앞으로 약 59년 정도 더 살 수 있다는 것이다. 즉 홍길동 선수가 현재 22세이므로 통계에 의하면 81세 정도까지 살 것으로 예상된다는 이야기다. 따라서 산술적으로 홍길동 선수가 앞으로 받게 될 연금액을 계산해보면 다음과 같다.

$$59\text{년} \times 12\text{개월} \times 100\text{만원} = 7\text{억 } 800\text{만원}$$

이 금액과 일시금 6,720만원을 비교하면 될 것인가? 그렇지 않다. 왜냐면 7억 800만원은 홍선수가 평생 동안 받게 될 연금의 총합계금액이지 지금 일시에 받을 수 있는 금액이 아니기 때문이다. 그렇다면 만약 물가상승률이 매년 2%씩 상승된다면 이 돈은 현재가치로 얼마나 될까? 자세한 계산법은 뒤에서 학습하겠지만 매월 100만원씩 받는 연금의 현재가치는 4억 2,174만원에 해당된다. 그렇다면 홍선수가 현재가치로 일시금 6,720만원을 받는 것이 좋겠는가 아니면 4억 2,174만원을 받는 것이 좋겠는가?

1.3 TVM 계산의 기본 5요소

위와 같이 우리는 개인의 재무적인 판단이나 기업 운영의 여러 결정에 있어 화폐의 시간가치, 즉 TVM에 대한 이해가 전제되어야 한다. 이러한 TVM 계산은 5가지 요소로 구성되어 있다고 말할 수 있는데 다음의 그림을 보고 같이 생각을 해보도록 하자.

그림 1-1 화폐의 시간가치 이해

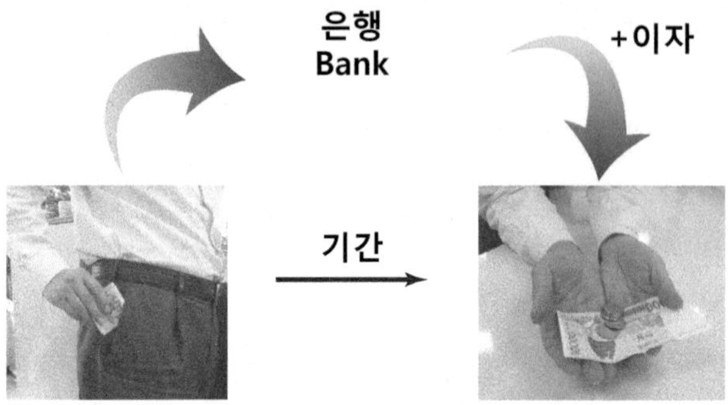

우리가 주머니 또는 지갑에 있던 돈 10,000원을 꺼내서 은행에 맡기고 일정 기간이 경과한 뒤 찾게 되면, 은행은 우리가 맡긴 원금 10,000원에 이자를 더해서 돌려주게 된다. 만약 맡긴 기간이 1년이고 은행 금리가 연 5%였다고 하면, 우리가 1년 뒤에 받게 되는 돈은 원금 10,000원에 이자 500원을 더한 10,500원이 될 것이다. 이 상황을 TVM의 요소로 구분해보면, 우리가 주머니에서 꺼내는 10,000원은 **'현재가치'**이다. 이 돈이 은행에서 일정 **'기간'**인 1년을 머물게 되면 은행은 **'이자율'** 연 5%에 맞게 이자 500원을 계산해서 이를 원금에 더해 우리에게 **'미래가치'** 10,500원을 돌려주게 될 것이다. 만약 위와 같이 돈을 처음에만 맡기고 만기에 찾는 것이 아니라, 적금과 같이 매월 일정한 금액을 입금하게 된다면 여기에 **'정액의 정기적인 현금흐름'**이 추가될 것이다.

그림 1-2 화폐의 시간가치 계산 5요소

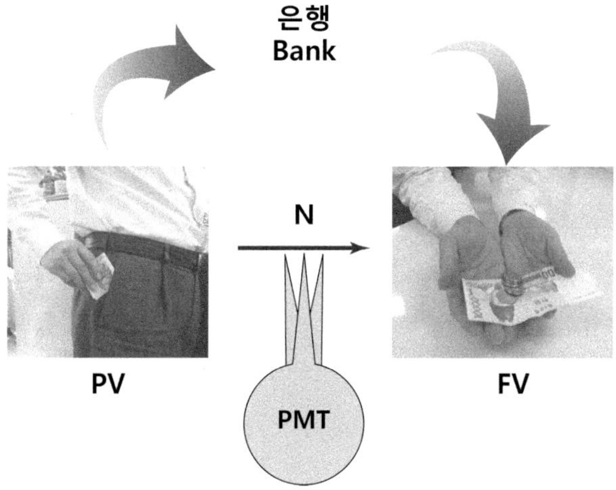

위 그림에서 나타난 TVM 계산의 5요소를 정리해 보자.

구분	영어 표기		의미
현재가치	PV	present value	현가, 현재 시점에서의 화폐의 가치
미래가치	FV	future value	종가, 미래 시점에서의 화폐의 가치
기간	N	number of periods	현가, 종가의 기간. 연금 지급 횟수 또는 적금 납입 횟수
이자율	I	interest	명목이율, 이자율, 금리
정액·정기적 현금흐름	PMT	payment	정액 연금, 적금 저축액과 같이 금액이 일정한 현금흐름

위 요소 중 이자율을 나타내는 I는 교재에 따라 R 또는 r(rate)로 표기하거나 I/Y로 표기하기도 하는데, 본서에서는 I로 통일하여 표기하기로 한다.

TVM 계산의 5요소 중 3가지 이상을 알면, 나머지 요소를 계산할 수 있다!

각 요소들을 계산하는 방법은 앞으로 하나씩 학습하도록 하겠다.

1.4 단리와 복리

화폐의 시간가치를 계산하고 이해하는데 가장 기본이 되는 것 중 하나가 이자계산의 원리에 대한 이해이다. 이자는 계산 방식에 따라 크게 단리이자와 복리이자로 나누어 볼 수 있는데 그에 대해 알아보도록 하겠다.

1.4.1 단리

단리는 '원금에 대해서만 이자를 적용하는 것'이라고 할 수 있다. 즉 처음에 투입된 원금에 대해서만 이자 계산을 해주고, 투입 원금에서 발생된 이자에 대해서는 추가로 이자 계산을 하지 않는 것을 말한다.

예를 들어 100만원을 연5% 단리 상품에 가입하여 5년 동안 예치하여 두었다고 가정하자. 단리로 이자를 계산하는 방식에서는 최초 가입 시점의 원금 100만원에 대해서만 이자 계산이 된다. 즉 연5% 상품에 투입했다는 이야기는 100만원을 1년 동안 이 상품에 넣어두면 이자가 5만원이 생긴다는 이야기이다. 그런데 이게 1년이 아니라 2년, 3년, 5년 이렇게 1년을 초과해서 긴 기간 동안 맡겨 둔다면 어떻게 될까? 단리 방식이 적용되는 경우는 기간이 길고 짧음에 상관없이 해마다 5만원씩의 이자만 발생된다. 만약 100만원을 연 5% 단리 상품에 2년간 투입하면 아래와 같은 과정을 통해 이자가 계산 된다.

- 1년 후의 원금과 이자 : 100만원×(1+0.05)
  =원금 100만원+1년이자 5만원=105만원
- 2년 후의 원금과 이자 : 원금 100만원+(2년×이자 5만원)
  =110만원

따라서 100만원을 5년 동안 예치하여 두었다면 1년에 5만원씩 총 5년, 총 25만원의 이자가 붙는다. 그러므로 5년 뒤 만기가 되는 시점에는 원금 100만원과 이자

25만원을 합하여 총 125만원의 원금과 이자를 돌려받을 수 있다.

이것을 식으로 표현하면 다음과 같이 나타낼 수 있다.

$$FVn = PV \times \{1 + (I \times n)\}$$

FVn : n 기간 후의 미래가치(Future Value)
PV : Present Value, 현재가치, 투입 원금
I : 이자율,   n : 기간(년)

위 사례를 이 식에 대입해보면 다음과 같이 계산된다.

$$\begin{aligned} \text{5년 뒤의 FV} &= \text{100만원} \times \{1 + (0.05 \times 5)\} \\ &= \text{100만원} \times 1.25 = \text{125만원} \end{aligned}$$

'원금에 대해서만 이자를 적용한다'라는 말의 의미가 잘 이해가 되지 않으면 다음에 설명할 복리와 비교해 보면 조금 더 이해가 잘 될 것이다.

1.4.2 복리

단리가 원금에 대해서만 이자를 계산한다고 하면, 복리는 원금에서 발생된 이자에 대해서도 이자를 계산해 주는 방식이다. 앞의 단리 사례에서 100만원을 1년간 맡겨두면 연 5만원의 이자가 생긴다. 그렇지만 원금에 대해서만 이자를 계산하는 방식이므로 1년이 경과해서 생긴 이 5만원의 이자에 대해서는 따로 이자 계산을 안 한다. 따라서 2년을 맡겨두거나, 5년을 맡겨두거나 이자 계산의 대상은 최초에 투입된 원금 100만원이 되는 것이다.

여기에 비해 복리는 원금에 대해서 뿐만 아니라 원금에서 생기는 이자에도 원금과 동일한 이율의 이자를 적용해서 계산을 하는 방식이다. 이것을 식으로 표현하면 다음과 같이 나타낼 수 있다.

$$FVn = PV \times (1+I)^{n}$$

FVn : n 기간 후의 미래가치(Future Value)
PV : Present Value, 현재가치, 투입 원금
I : 이자율, n : 기간(년)

식은 다소 복잡하게 느껴질 수 있지만 다음과 같이 생각해 보면 그렇게 어렵지 않은 이야기이다. 100만원을 연 5% 연복리 상품에 2년간 투입하면 아래와 같은 과정을 통해 이자가 계산 된다.

- 1년 후의 원금과 이자 : 100만원 $\times (1+0.05) =$ 105만원
- 2년 후의 원금과 이자 : 105만원 $\times (1+0.05)$
  $=$ 100만원 $\times (1+0.05)^2 =$ 110.25만원

위에서 알 수 있듯이 단리 방식으로 계산했을 때 대비 2,500원의 이자가 추가로 더 발생된다. 이는 1년이 경과된 뒤에 발생된 이자 5만원이 최초 투입된 원금 100만원에 가산되어 원금이 105만원으로 늘어났기 때문이다. 따라서 동일한 이자율의 상품에 가입했다고 하면 단리 계산 방식보다는 복리 계산 방식이 이자가 더 많아진다.

단 첫 번째 이자 계산 주기까지는 원금과 이자의 합이 단리나 복리나 다르지 않다. 위에 비교한 단리 계산과 복리 계산의 사례에서 볼 수 있듯이, 1년 뒤의 원리금의 계는 105만원으로 동일하다. 차이는 그 이후에 생긴다. 그리고 위에서 n으로 표시한 기간이 길어지면 길어질수록 단리 방식과 복리 방식의 결과 값의 차이는 크게 나타난다. 그 이유는 계산식을 잘 살펴보면 쉽게 알 수 있다. 단리 방식에서는 기간과 이율을 곱해서 계산하는 반면, 복리 방식에서는 기간이 이율에 제곱으로 계산되는 것을 볼 수 있다. 따라서 기간(n)이 길어질수록 거듭제곱 값이 커지므로 그 계산 값이 크게 차이가 날 수 밖에 없는 것이다.

복리 계산방식은 이자를 계산(또는 지급)하는 주기에 따라 연복리(1년에 한 번씩 이자계산), 반기복리(6개월에 한 번씩 이자계산), 분기복리(3개월에 한 번씩 이자계산), 월복리

(1개월에 한 번씩 이자계산), 주복리(1주일에 한 번씩 이자계산), 일복리(매일 이자계산) 등으로 구분할 수 있다. 이자 계산 주기가 짧을수록, 즉 이자 계산을 자주 할수록 원금에 더해지는 이자가 더 많아지므로 원금과 이자의 총량은 더 커지게 되어있다. 즉 동일한 이율을 적용하고, 계산 주기만 달라질 경우 원리금의 크기는 다음과 같이 생각할 수 있다.

> 연복리 < 반기복리 < 분기복리 < 월복리 < 주복리 < 일복리
> 이자 계산 주기가 짧을수록 같은 원금에 대한 이자가 더 커진다!

[그림 1-3]은 단리와 복리의 계산 방식의 차이, 연복리와 반기복리의 차이를 표시한 것이다. 각 10,000원을 연 10% 단리, 연 10% 연복리, 연 10% 반기복리를 적용했을 때 달라지는 원금과 이자의 합계를 나타낸 것이다.

그림 1-3 단리와 복리의 이자계산 방식

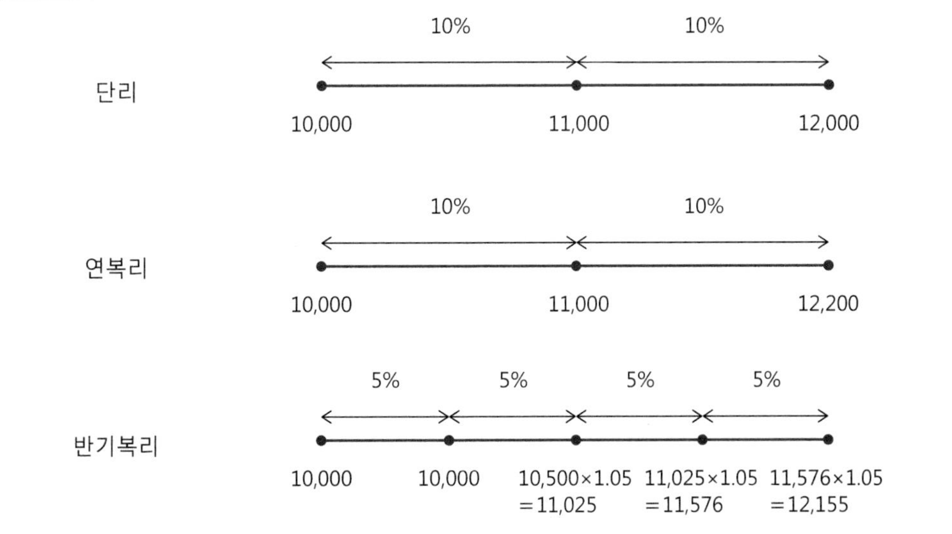

1.4.3 단리와 복리의 차이

단리와 복리의 차이가 투자 기간이 길어질수록 크게 나타나는 것은 앞에서 설명했다. 그럼 실제로 어느 정도 차이가 벌어지는지를 알아보도록 하자. 다음의 표는 1,000,000원을 투자했을 때 기간에 따라 원금과 이자의 합계 금액이 어떻게 달라지는지를 계산한 표이다.

표 1-1 원금 1,000,000원의 투자 기간별 원리금 예시표 (단위 : 원)

경과 기간	단리 연 5%		복리 연 5%		차이
년	이자	미래가치	이자	미래가치	
1	50,000	1,050,000	50,000	1,050,000	0
2	100,000	1,100,000	102,500	1,102,500	2,500
3	150,000	1,150,000	157,625	1,157,625	7,625
4	200,000	1,200,000	215,506	1,215,506	15,506
5	250,000	1,250,000	276,282	1,276,282	26,282
10	500,000	1,500,000	628,895	1,628,895	128,895
15	750,000	1,750,000	1,078,928	2,078,928	328,928
20	1,000,000	2,000,000	1,653,298	2,653,298	653,298
25	1,250,000	2,250,000	2,386,355	3,386,355	1,136,355
30	1,500,000	2,500,000	3,321,942	4,321,942	1,821,942

[표 1-1]에서도 알 수 있듯이 짧은 기간에서는 원금과 이자의 합의 차이가 크지 않다. 특히 첫 번째 계산 주기인 1년 말 시점에서는 단리와 복리의 차이가 없다. 그러나 투자 기간이 5년, 10년, 20년과 같이 길어질수록 그 차이는 현저하게 나타난다. 같은 원금을 투입했다고 하더라도 이자 계산 방식이 단리 방식인지 복리 방식인지에 따라, 투입 기간이 얼마나 되는지에 따라 그 결과는 크게 달라질 수 있다는 이야기다.

연습문제 *Exercise*

문 1 통계청의 '통계로 시간여행' 서비스를 이용하여 다음 항목의 2000년, 2010년, 2020년과 현재의 평균 가격을 알아보시오.

① 짬뽕

② 치킨

③ 휘발유

④ 시내버스

문 2 우리가 일상생활에서 화폐의 시간가치 개념을 활용해서 의사결정을 하게 되는 경우를 찾아보시오.

문 3 김기훈 씨는 1,000만원을 금융기관에 1년 동안 맡겨두려고 한다. 여러 금융기관들이 제시하는 금리가 다음과 같을 때 김기훈 씨가 1년 뒤 찾을 수 있는 만기금액을 계산하시오. 단, 세금과 수수료 등은 고려하지 않는다.

① A금융기관 : 단리 연 4%

② B금융기관 : 복리 연 4%

③ C금융기관 : 반기복리 연 4%

④ D금융기관 : 분기복리 연 4%

Chapter

02 재무계산기 이용법

2.1 재무계산기

우리는 앞으로 화폐의 시간가치(TVM)와 관련한 다양한 계산을 진행하게 된다. 어떤 계산은 단순할 것이고, 어떤 계산한 복잡한 과정을 거쳐야 될 것이다. 이러한 여러 계산을 수학 공식을 이용하여 수작업으로 풀기에는 시간적 제약이 크다. 따라서 본 과정에서는 재무계산기 또는 재무계산 어플리케이션을 이용하여 효과적으로 TVM을 계산하는 방법에 대해서 주로 학습하게 될 것이다. '재무계산기'란 공학 계산을 위한 공학계산기가 따로 존재하는 것처럼 화폐의 시간가치 등 재무(Finance)와 관련된 계산을 위해 만들어진 계산기이다. 시중에는 굉장히 다양한 재무계산기가 사용되고 있으나 금융을 전공하는 사람들이 가장 많이 사용하는 종류는 다음의 두 가지이다.

그림 2-1 재무계산기의 종류

[텍사스 인스트루먼트 BA II 계산기] [HP 12C 계산기]

이 중 본 교재에서는 사용자가 가장 많은 텍사스 인스트루먼트(TI)사의 BA II 계산기를 기준으로 문제 풀이를 진행할 것이다. 위의 두 계산기는 조작법에서는 차이가 크지만, 기본적인 TVM 계산의 개념을 이해하고 나면 쉽게 응용할 수 있을 것으로 예상된다.

아울러 스마트폰이 발달하면서 위의 유명 재무계산기의 에뮬레이터 어플리케이션을 손쉽게 사용할 수 있게 되었다. 구글 Play 스토어 또는 애플 앱스토어에서 '재무계산기', 'financial calculator', 'BA II', 'HP 12C' 등을 검색하면 무료로 다양한 어플리케이션을 다운 받을 수 있다. HP 등 계산기 제조회사에서 판매하는 유료 버전도 있으나, 무료로 공개된 버전을 사용해도 가끔 광고가 뜨는 것을 제외하고는 본 교재의 학습과정을 진행하는데 계산상 아무런 불편도 없다.

그림 2-2 재무계산기 에뮬레이터 예시

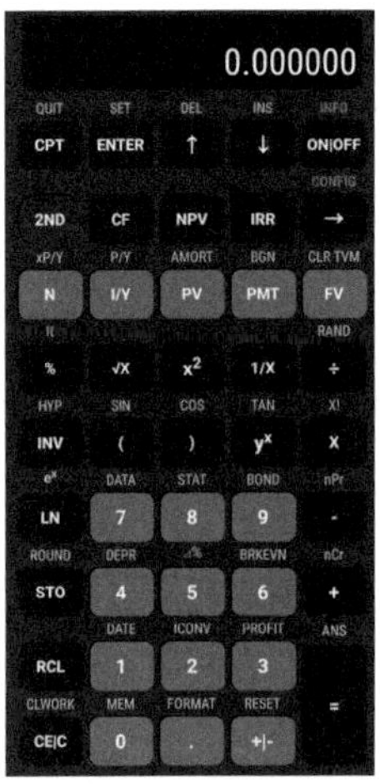

[BA II 에뮬레이터]

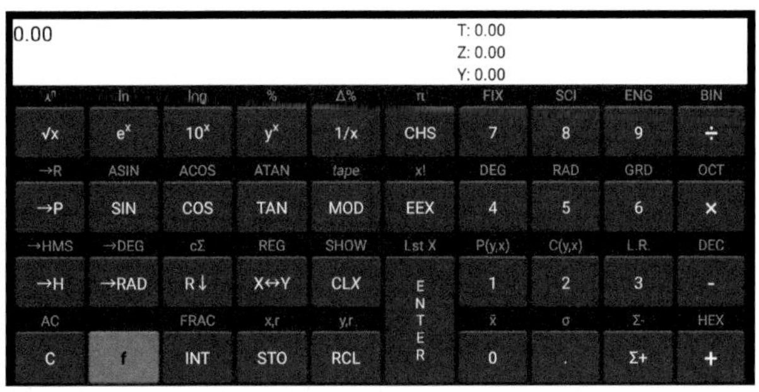

[HP 12C 에뮬레이터]

기본적으로 에뮬레이터는 원 계산기의 키 배열 및 함수 기능 등이 동일하다. 실제 재무계산기와 에뮬레이터 사이에 미세한 차이가 있을 수 있으나, 주요 기능은 동일하므로 사용상에 큰 지장이 없다. 따라서 본 교재를 통해 금융수학 과정을 학습하려면 BA II 계산기 시리즈(Plus, Professional 등)를 구입하거나, 스마트폰용 BA II 에뮬레이터 어플리케이션을 다운받아서 설치하여야 원활한 진행이 가능하다. 참고로 금융 자격증 시험에서는 스마트폰 어플은 사용할 수 없다. 지금부터 BA II 계산기의 주요기능에 대해서 학습하도록 한다.

2.2 재무계산기 기본 기능

2.2.1 기본 키 배열

그림 2-3 BA II 재무계산기 키 배열

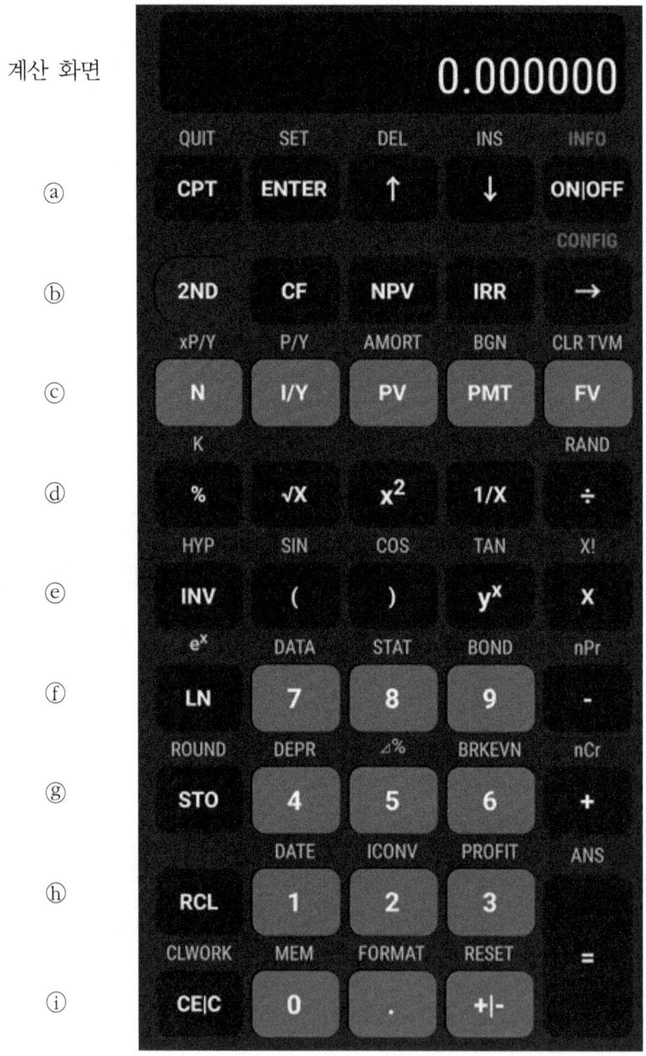

▎2.2.2 기본 버튼

<table>
<tr><td>ON|OFF</td><td>• ⓐ행 다섯 번째에 위치
• 계산기 전원 on / off
• 일정 시간 경과 후 전원 자동 off
• 전원 off 후에도 워크시트 내용, 메모리 저장 값, 세팅 내용은 유지되며 전원 켜면 reload 됨</td></tr>
<tr><td>2ND</td><td>• ⓑ행 첫 번째 위치
• 컴퓨터 키보드의 [Shift]와 동일한 기능
• 2ND 조작 시 계산기 버튼 위에 적힌 기능이 활성화 됨
• ex. 2ND ENTER → [SET] 기능 활성화</td></tr>
</table>

▎2.2.3 화면 표시 안내

<table>
<tr><th>화면표시</th><th>의미</th><th>예시</th></tr>
<tr><td rowspan="2">2ND</td><td>2ND 를 누르면 화면 왼쪽 위에 표시됨
각 버튼 위에 적힌 기능 활성화</td><td>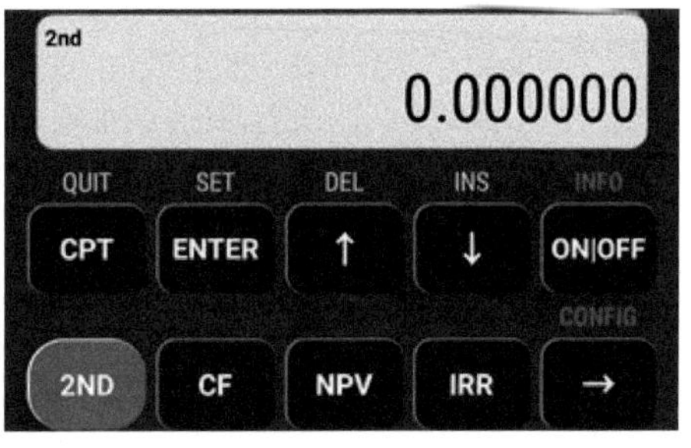
</td></tr>
<tr><td colspan="2">2ND + CPT → [QUIT], 2ND [CLR TVM], 2ND [BGN],
2ND [SET], 2ND [AMORT], 2ND [CLR WORK] 등</td></tr>
</table>

<table>
<tr><th>화면표시</th><th>의미</th><th>예시</th></tr>
<tr><td rowspan="2">COMPUTE</td><td>CPT 를 누르면 입력 값 계산
화면 중앙 좌측에 표시</td><td>
</td></tr>
<tr><td colspan="2">NPV, IRR 계산 과정에서 화면에 표시
TVM 계산 시 CPT 와 PV, FV, PMT, N, I/Y 입력
(화면에 COMPUTE 표시는 없음)</td></tr>
<tr><td rowspan="2">ENTER</td><td>화면 중앙 상단에 표시
나타난 변수의 값 입력 시 사용</td><td>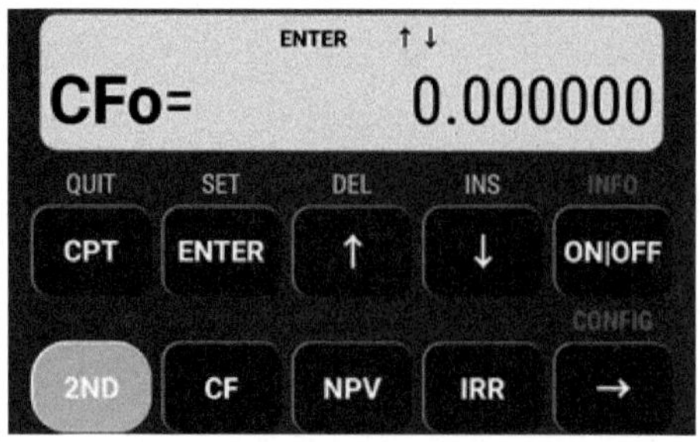
</td></tr>
<tr><td colspan="2">CF0, C01, F01...값 입력 시, AMORT의 P1, P2값 입력 시,
NPV의 I 값 입력 시, DATE에 날짜 입력 시 등</td></tr>
<tr><td rowspan="2">SET</td><td>화면 중앙 상단에 표시
화면상의 변수 변경 설정
2ND [SET]를 눌러 변경</td><td>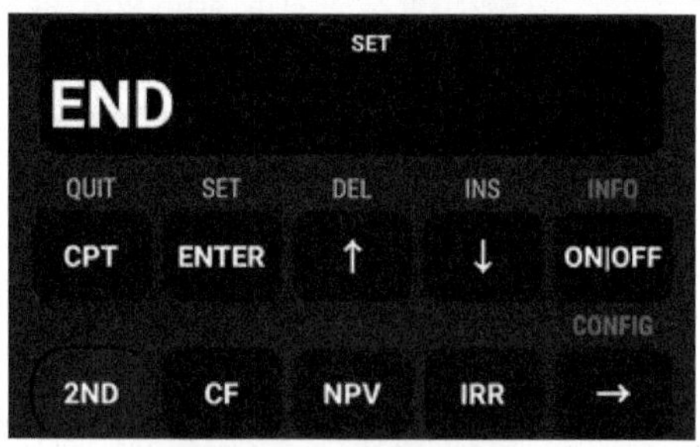
</td></tr>
<tr><td colspan="2">2ND [BGN] 2ND [SET]</td></tr>
<tr><td rowspan="2">↑ ↓</td><td>화면 중앙 상단에 표시
워크시트에서 ↑ 이전 변수,
↓ 다음 변수 확인</td><td>위 COMPUTE, ENTER 예시 화면 참조</td></tr>
<tr><td colspan="2">CF값 입력시, AMORT 산출 시, DATE 산출 시</td></tr>
</table>

<table>
<tr><th>화면표시</th><th>의미</th><th>예시</th></tr>
<tr><td rowspan="2">BGN</td><td>화면에 BGN 표시 : 기시급 모드 표시
× : 기말급(END)모드</td><td>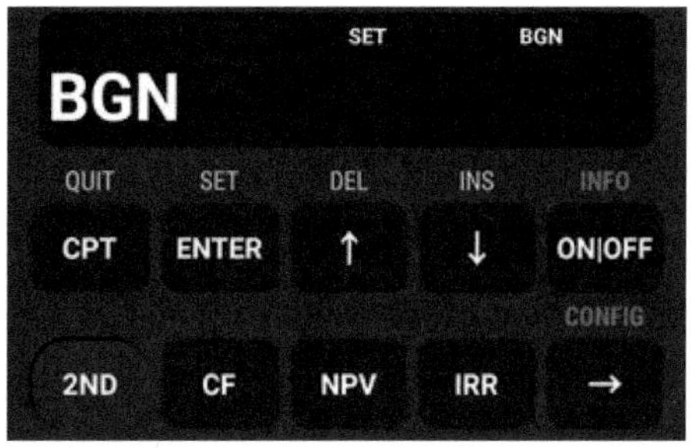
</td></tr>
<tr><td colspan="2">BGN / END모드 전환 : 2ND [BGN] 2ND [SET]</td></tr>
<tr><td rowspan="2">◁</td><td>화면 오른쪽 위에 표시
워크시트에 숫자 입력됨을 표시</td><td>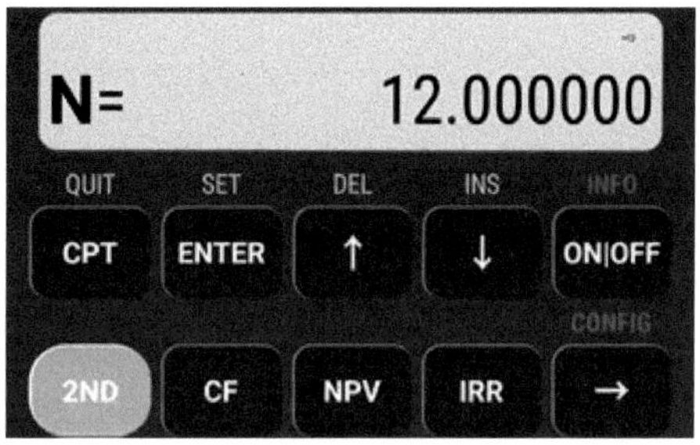
</td></tr>
<tr><td colspan="2">TVM숫자 입력 후, CF에서 숫자 입력 후</td></tr>
<tr><td rowspan="2">*</td><td>화면 오른쪽 위에 표시
계산이 완료되었다는 의미</td><td>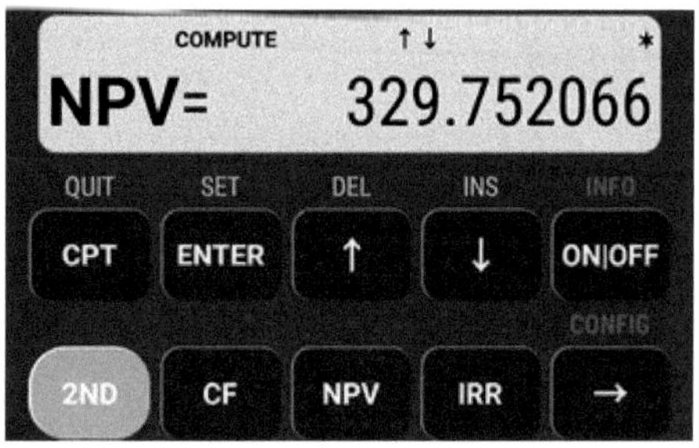
</td></tr>
<tr><td colspan="2">TVM, NPV, IRR에서 COMPUTE키를 통해 값이 산출된 후</td></tr>
<tr><td rowspan="2">–</td><td>화면의 숫자가 음수임을 표시</td><td>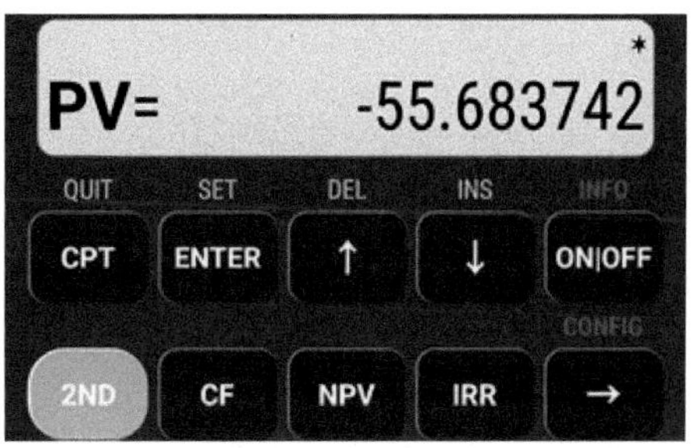
</td></tr>
<tr><td colspan="2">+|– change sign 전환</td></tr>
</table>

▌2.2.4 수정 및 삭제기능

일반 계산기와 달리 재무계산기는 굉장히 다양한 계산 기능이 있다 보니 능숙하게 계산을 하는 것 못지않게 입력된 값들을 적절하게 수정하거나 삭제하는 것이 중요하다. 왜냐면 계산기에 남아 있는 이전 계산의 결과 값들이 다음 계산에 영향을 줄 수 있고, 결과적으로 원하는 정확한 계산을 하지 못하는 오류가 발생할 수 있기 때문이다. 따라서 다음의 기능들을 잘 익혀두기 바란다. 특히 3번째부터 마지막 기능은 계산기를 사용해서 해당되는 계산과정을 진행한 뒤에 반드시 습관적으로 수행할 수 있어야 한다.

Key	기능	실전활용
→	마지막에 입력된 숫자부터 하나씩 수정	123 → 12
CE|C	잘못 입력한 숫자 삭제 TVM 입력 값 유지, 화면 숫자만 삭제	산출 값을 다른 연산이나 TVM 계산에 활용하는 경우 사칙연산 중 마지막 입력 숫자 삭제 error 메시지 삭제
2ND [QUIT]	워크시트 모드에서 일반모드로 돌아올 때	주로 2ND [QUIT] 2ND [CLR TVM] 때 사용
2ND [QUIT] 2ND [CLR TVM]	화면 숫자와 TVM입력 값 삭제 ※ 습관화하기	앞의 TVM 계산을 삭제하고 새로운 계산을 하는 경우
2ND [CLR TVM]	화면 숫자는 놔두고 TVM 입력 값 초기화	화면에 남은 숫자를 다음 TVM계산에 사용하는 경우
2ND [CLR WORK]	워크시트 초기화	CF 계산을 시작할 때

2.3 재무계산기 환경설정

본 교재의 학습내용을 수행하기에 적합하게 계산기를 설정하도록 하겠다. 우선 ON|OFF로 전원을 켜고 **2ND** [FORMAT] (. 버튼)을 누르면 환경설정이 시작된다. ↓ 버튼을 이용해서 순서대로 설정하면 된다.

화면표시	설정 내용	입력	설명
DEC= 숫자	소수점 자릿수	초기 설정 2.00 3 ENTER	교재에서 천원 단위 계산
DEG	각도 표시	없음	본 교재와 무관
US 12-31-1990	날짜 표시	초기 설정 US **2ND** [SET] → EUR	날짜 계산 시 필요 US(미국, 월-일-년) 선택 (EUR : 유럽, 일-월-년)
US 1,000.00	화폐단위	초기 설정 US **2ND** [SET] → EUR	US 선택 1,000.000 (EUR : 1.000,000)
Chn	계산 방식	초기 설정 Chn **2ND** [SET] → AOS	AOS 선택 (다음 설명 참조)

[Tip] 계산기 공장초기화 방법

2ND +|- [RESET] 입력 → 화면에 RST? 표시됨

ENTER 입력 → 계산기 초기화

※ 공장초기화를 시행하면 기존에 계산한 모든 값과 설정(Format) 내용이 초기화되므로 반드시 필요한 경우에 실시하도록 한다.

2.4 기본 연산

2.4.1 AOS 방식과 Chn 방식

$$3 + 4 \times 5$$

위 계산식의 결과 값은 얼마인가? 우리가 초등학교 과정을 정상적으로 마쳤다면 위의 계산 값은 23이 될 것이다. 앞의 계산기 환경설정에서 계산 방식을 'AOS 방식'과 'Chn 방식' 중에서 선택하여 설정할 수 있었는데 이 두 방식의 차이는 다음과 같다.

• AOS(Algebraic Operating System) 방식

$3 + 4 \times 5 = 23$

☞ 사칙연산 법칙에 의하여 곱셈 먼저 수행

• Chn(Chain Method) 방식

$3 + 4 \times 5 = 35$

☞ chain 방식 즉 순서대로 연쇄적으로 계산

2.4.2 괄호 계산

AOS 방식으로 선택하지 않고, Chn 방식을 선택한 뒤 위 계산이 정상적인 값이 나올 수 있도록 하려면 $3+(4\times5)=23$과 같이 따로 괄호를 입력해 주어야 한다. 따라서 효율적인 계산을 위해서는 Chn 방식이 아닌 AOS 방식으로 기본 설정을 하는 것이 좋다.

그렇다면 (3+4)×5의 계산을 하려면 어떻게 하면 될까? 계산기 ⓔ 행에 있는 [( ] [ )] 버튼을 이용해서 계산하면 된다.

[( ] 3 [+] 4 [ )] [×] 5 [=]

(6−2)÷1.02와 같은 형태의 계산은 앞으로 학습하게 될 조정수익률(K) 계산에서 자주 반복하게 된다. 따라서 AOS 방식으로 설정되어 있는 상태에서 괄호를 하지 않으면 이 값은 2÷1.02를 먼저 계산하기 때문에 우리가 원하는 값을 얻을 수 없게 된다.

▌연습 1▌ [(3 + 4) × 5] ÷ 2 계산

[( ] [( ] 3 [+] 4 [ )] [×] 5 [ )] [÷] 2 [=]

▌2.4.3 지수와 루트 계산

제곱 또는 세곱근 등을 재무계산기를 이용해서 계산해 보자.

▌연습 2▌ 2^3 계산

계산기 ⓔ 행에 있는 [y^x] 버튼을 이용해서 계산한다.

2 [y^x] 3 [=] 8

▌연습 3▌ 4^2 계산

위 [연습 2]와 같이 4 [y^x] 2 [=] 로 계산 가능

또는 ⓓ 행에 있는 2제곱 전용키 [x^2] 로 계산 → 4 [x^2]

▌연습 4▌ $\sqrt{8}$ 계산

ⓓ 행에 있는 [$\sqrt{x}$] 버튼으로 계산 → 8 [$\sqrt{x}$]

▍2.4.4 역수 계산

역수 계산은 ⓓ 행에 있는 [1/x] 버튼을 이용하자.

▍연습 5▍ 다음 식을 계산해 보자.

$$\frac{10{,}000}{(1+0.04)^2 \times (1+0.04 \times \frac{90}{365})}$$

이런 식은 분모 먼저 계산하고 역수 [1/x] 버튼을 이용하는 것이 좋다.

1.04 [x^2] [×] [(] 1 [+] 0.04 [×] 90 [÷] 365 [)]
[=] [1/x] [×] 10,000 [=]

2.5 메모리 기능 활용

▍2.5.1 저장과 불러오기

BA II 계산기는 총 10개의 숫자를 저장할 수 있다. 저장(Store)은 ⓖ 행에 있는 [STO] 버튼을 이용한다.

만약 1.035라는 숫자를 저장하고 싶다면 다음과 같이 입력하면 된다.

1.035 [STO] 1 → 1번 저장 공간에 1.035 저장

저장한 값을 불러올 때에는 ⓕ 행에 있는 [RCL] 버튼을 누른 후 1을 누르면 된다. 만약 10,000÷1.035라는 계산을 한다면

10,000 [÷] [RCL] 1 [=]

이와 같이 STO 기능을 이용해서 0~9번 저장 공간에 자주 사용하거나 또는 잊기 쉬운 총 10개의 숫자를 저장해서 사용하면 매우 편리하다. 저장 공간에 어떤 숫자를 저장했는지를 확인하고 싶을 때에는 2ND [MEM] (숫자 0 버튼) 기능을 이용한다.

2ND [MEM]을 누르면 화면에 M0=＊＊＊이라고 저장된 숫자가 나타나거나 저장한 숫자가 없는 경우에는 M0=0.000이라고 표시된다. ↓ 버튼을 누르면 M1, M2의 순서로 M9까지 저장된 값을 보여준다.

위 예시에서 저장한 1.035라는 숫자는 M1에 저장되어 있는 것을 확인할 수 있다. 그런데 이 과정에서 만약 2번 저장 공간에 1.04라는 값을 저장하려면 ↓ 버튼을 사용해서 M2=0으로 표시된 상태에서 1.04 ENTER 를 입력하면 앞에서 학습한 1.04 STO 2와 동일한 효과가 나타난다.

2.5.2 메모리 삭제

위와 같이 STO 기능을 이용해서 각 저장 공간에 저장한 값들을 일괄 삭제하려면 2ND [MEM] 2ND [CLR WORK]을 누르면 저장 메모리가 삭제된다.

만약 일괄 삭제가 아니라 특정 저장 공간에 다른 값을 입력하고 싶은 경우에는 다음과 같이 계산기를 조작하면 된다.

1.035 STO 1을 입력해서 1번 저장 공간에 1.035를 저장했는데, 이 값을 1.04로 바꾸고 싶은 경우에는 1.04 STO 1을 누르면 된다. RCL 1로 확인하면 새로 입력한 1.04로 바뀐 것을 확인할 수 있다.

2.6 날짜 계산

2024년 2월 14일부터 사귀기 시작한 동훈이와 미연이가 2026년 3월 1일 만난 지 며칠이나 지났는지를 알고 싶은 경우에는 어떻게 하면 될까?

우선 계산기 환경설정을 확인해서 날짜가 US방식(12-31-1990)인지 EUR방식(31-12-1990)인지를 확인한다. 본 교재에서는 US방식으로 기준을 통일해서 계산하도록 하겠다.

2ND [DATE] (숫자 1 버튼) 기능을 이용해 두 날짜 사이의 일수 계산

2ND [CLR WORK] → 기존 입력 값 삭제

DT1 : 날짜 계산을 원하는 앞 날짜 입력 후 ENTER

(MM.DDYY 형태로 입력. 2024년 2월 14일은 2.1424 ENTER)

↓

DT2 : 날짜 계산을 원하는 뒤 날짜 입력 후 ENTER

(2026년 3월 1일은 3.0126 ENTER)

↓

DBD (Days Between Dates=두 날짜 사이의 일수 계산) CPT

746일

연습문제 *Exercise*

※ 다음 문제들을 재무계산기를 사용하여 풀이하시오.

문 1 다음 계산을 AOS 방식과 Chn 방식으로 각각 계산해 보시오.

$$2+3\times2\div7-2$$

① AOS 방식

② Chn 방식

문 2 계산기를 이용해 다음을 계산하시오

① $\dfrac{10{,}000}{(1+0.03\times\dfrac{181}{365})}$

② 153^2

③ 3^7

문 3 [STO] [RCL] 기능을 이용해서 1번 저장 공간에 3.53, 2번 저장 공간에 1.04의 숫자를 저장하고 이를 [RCL] 과 [MEM]으로 확인한 뒤 저장한 값을 완전히 삭제하시오.

문 4 철수는 2025년 10월 7일에 시행되는 자격증 시험에 꼭 합격하고자 한다. 오늘은 2025년 1월 10일이다. 철수는 시험까지 얼마나 남았는지 계산하시오.

문 5 만기가 2026년 7월 31일인 채권을 2024년 10월 10일에 매수할 경우 매매일로부터 채권 만기일까지는 며칠이 남아 있는가?

Chapter

03

현재가치와 미래가치

3.1 복리의 힘

1장에서 단리와 복리의 차이에 대해서 학습을 하였는데, 앞으로의 TVM 계산은 별도의 전제가 있지 않다면 전부 복리 계산을 원칙으로 한다. 이러한 이유는 다음과 같다.

- 개인 : 개인 재무설계에서 필요자금 산출 등 모든 계산은 복리기준
- 기업 : 회계에서 사용되는 현재가치 할인 등의 계산도 모두 복리기준
- 재무계산기, 엑셀, 재무계산 어플리케이션 등도 모두 복리기준 계산수행

따라서 복리에 대한 이해의 폭을 조금 더 넓히고 TVM 계산에 대해서 학습을 하도록 하겠다. 1장에서 표로 나타냈던 단리와 복리의 차이를 그래프로 나타내면 다음과 같다.

아래 그래프에서 보면 단리방식과 복리방식의 이자 크기 차이는 초기에는 크지 않다가 시간이 경과될수록 그 격차가 커지는 것을 알 수 있다. [그림 3-1]에서는 기간을

그림 3-1 단리와 복리의 원금과 이자 차이

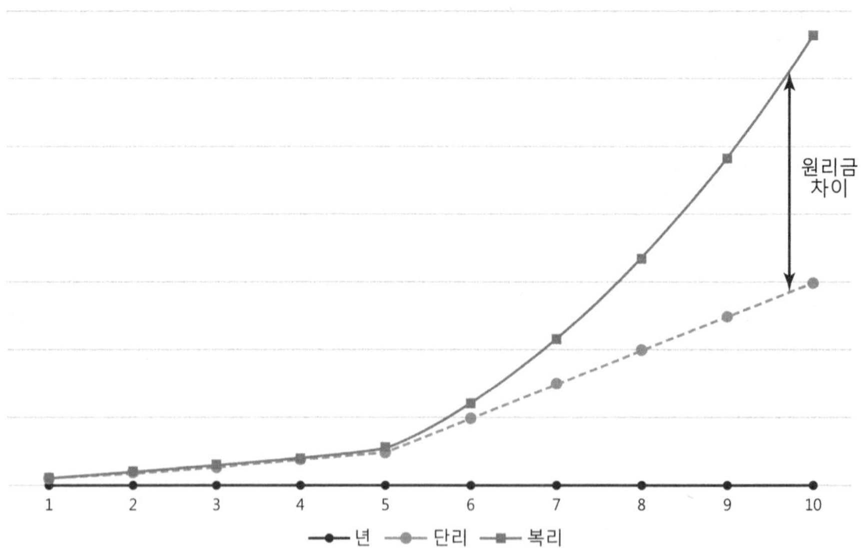

10년까지로 예시하여 계산하였지만 그 기간이 20년, 30년으로 길어지면 길어질수록 그 차이는 훨씬 더 크게 나타나게 된다. 따라서 우리는 긴 시간 뒤에 사용하게 될 자금의 경우에는 단리방식의 금융상품이 아닌 복리방식으로 이자를 계산하는 금융상품에 투자를 해야 되는 것을 알 수 있다.

인디언은 바보?

복리가 가지고 있는 힘을 설명하는 예시로 자주 소개되는 이야기이다.

미국 본토에 살고 있던 인디언 원주민은 1626년에 현재의 뉴욕 맨해튼 섬을 백인들에게 단돈 24달러에 매각했다고 한다. 요즘 환율로 우리나라 원화로 환산을 해보면 3만원 정도 밖에 되지 않는 아주 헐한 가격이다. 맨해튼 섬은 우리나라의 여의도와 자주 비교가 되는 곳으로 미국의 주요 증권회사, 투자은행 등이 모여 있는 금융의 요충지로 땅값이 비싸기로 유명한 곳이다. 이렇게 비싼 땅을 단돈 24달러에 팔았다고 생각하면 현재의 인디언 후손들은 땅을 치고 통곡을 할 일이 아닐까?

그러면 이렇게 헐값에 금싸라기 땅을 판 인디언은 바보인가? 그렇지 않다. 그 이유는 다음과 같다.

2026년을 기준으로 보면 땅을 매각한 뒤로 400년이 경과되었다. 만약 인디언들이 섬 매각대금 24달러를 지난 400년 동안 복리 투자를 했다면 어떻게 될까?

그동안의 평균 수익률이 몇 %였는지가 중요하겠지만, 만약 연평균 4%의 복리가 적용이 되었다고 하면 24달러는 1,562억 달러에 달한다. 그렇다면 만약 8%의 수익률로 운용이 되었다고 하면 24달러는 얼마로 불어났을까? 놀랍게도 560조 달러에 달하는 어마어마하게 큰돈이 되어 있을 것이다.

평균 8% 수익률이 높다고 생각되는가? 우리나라뿐만 아니라 미국의 경우에도 과거에는 고성장의 혜택을 누리며, 연 10%이상의 높은 이자율이 아주 오랜 기간 적용되어 왔다. 이러한 점을 감안하고, 인디언들이 매각대금을 효과적으로 잘 투자 및 운용해 왔다면 복리의 힘을 이용해서 충분히 큰 자산을 이루었을 것으로 예상해 볼 수 있다.

3.2 미래가치(FV) 구하기

$$FVn = PV \times (1 + I)^{n}$$

1장에서 n기간 후의 미래가치(FV)는 위와 같은 공식을 통해서 구할 수 있다고 했다. 그런데 바쁜 현대사회에서 미래가치를 계산할 때마다 위의 공식에 하나씩 대입해서 구한다는 것은 매우 비효율적인 일일 것이다. 우리는 모두 손 안의 PC인 스마트폰을 가지고 있으며, 수시로 엑셀과 같은 계산 프로그램을 사용하며, 과거와 달리 재무계산기도 저렴한 가격에 구입할 수 있다. 따라서 본 교재에서는 모든 계산을 이와 같은 스마트한 계산 Tool을 이용해서 계산하기로 한다. 다만 미래가치와 현재가치를 구하는 것만큼은 화폐의 시간가치를 이해하는데 가장 기본이 되는 개념이므로 이 공식을 이용해서도 구할 수 있도록 익숙해질 필요가 있다.

그림 3-2 FV와 PV의 관계

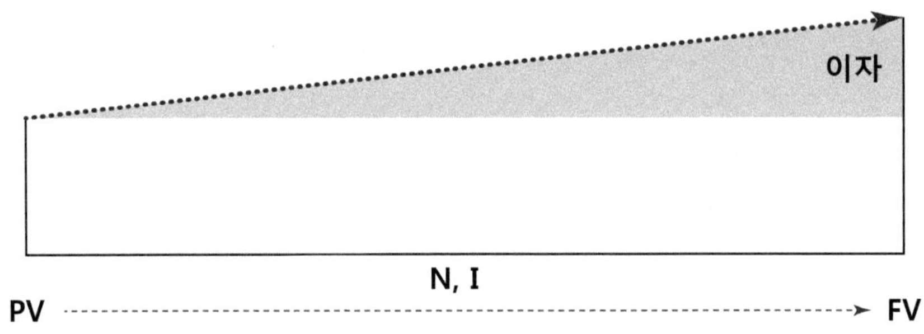

우리는 최초에 투입되는 현재가치와 정해진 기간, 이자율이라는 변수를 알면 미래가치를 구할 수 있다.

만약 지금 은행에 1,000원을 예치하고 2년 뒤에 찾을 경우, 이 상품의 금리가 연 3% 연복리라고 하면 다음과 같이 계산할 수 있다.

1) 미래가치 공식을 이용한 계산

$$FV = PV \times (1+I)^n = 1{,}000 \times (1+0.03)^2$$
$$= 1{,}000 \times (1+0.03) \times (1+0.03) = 1{,}060.9 \text{ (원)}$$

2) 재무계산기를 이용한 계산

1,000 **PV** , 2 **N** , 3 **I** , **FV** ? −1,060.9

만약 BA II 계산기를 이용한다면 다음의 순서대로 입력하면 된다.

1,000 **PV** , 2 **N** , 3 **I/Y** , **CPT** **FV** −1,060.9

그런데 계산기를 이용해서 계산을 하면 납으로 나온 숫자는 같은데, 이상한 점이 한 가지 있다. 결과 값이 음수(−)로 나타나는 것이다. 우리는 분명히 1,000원을 은행에 예치하였고, 여기에 일부 이자도 가산되었을 텐데 왜 음수로 계산이 되는 것일까? 이것은 다음 그림의 의미를 잘 이해하면 해소가 된다.

그림 3-3 유출과 유입의 관계

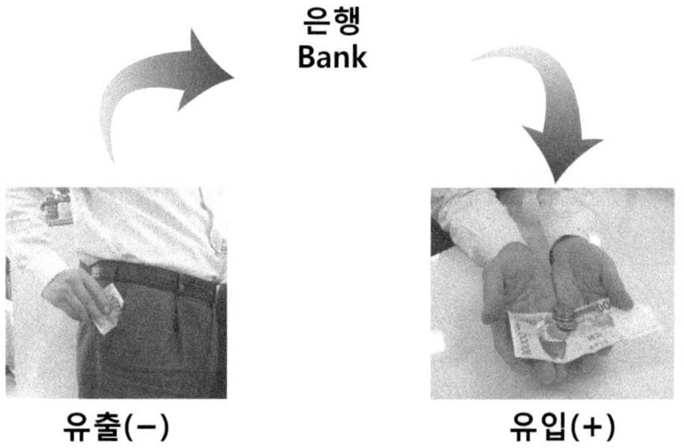

우리가 돈을 은행에 맡기는 일은 상식적으로 돈을 불리기 위해서 하는 행위이다. 즉 1,000원에 이자를 더하기 위해서 하는 행위이다. 그러면 +1,000원이었던 내 현금이 2년이 경과된 뒤에 +1,069.9원이 아니라 −1,069.9원으로 계산되는 이유는 무엇일까?

우리는 1장에서 '내 주머니 또는 지갑에서 돈을 꺼내 은행에 맡김'이라고 예를 들었었다. 실제로 우리가 은행에 예금을 하게 될 경우 현금을 가지고 가서 지갑에서 꺼내 입금을 하거나, 다른 통장에 있던 돈을 찾아서 새로운 예금 상품을 가입하게 된다. 이 과정을 단계별로 나누어서 보면 [그림 3-3]과 같게 된다. 즉 1,000원을 내 주머니에서 인출(−)해서 은행에 맡겼다가 일정 기간 경과 후 다시 은행에서 찾아 가지고 (+) 오게 되는 것이다. 인출하는 과정을 '유출', 다시 찾아오는 과정을 '유입'이라고 표현한다.

따라서 우리는 재무계산기에 입력할 때 위와 같은 방식으로 입력하는 것이 아니라 다음과 같이 입력해야 되는 것이다.

−1,000 **PV** , 2 **N** , 3 **I/Y** , **CPT** **FV** =1,060.9

내 지갑에서 유출되는 현재가치에 (−)기호를 붙여서 입력하면, 나중에 나에게 다시 유입되는 미래가치가 정상적으로 양의 값으로 계산이 되게 된다. 재무계산을 반복하게 되면 (+)와 (−)가 혼란스럽지 않게 되는데, 처음 기초를 익히는 단계에서는 현금유출과 현금유입의 정확한 개념 이해를 위해서 PV 값에 꼭 (−)기호를 입력해서 계산하는 것이 좋다.

| 연습 | 이서경 씨는 1억 원을 10년 뒤 사용 목적으로 연 4% 연복리 상품에 투입하려고 한다. 10년 뒤에 찾게 될 돈은 얼마가 될 것인지 구하시오.

☞ −100,000,000 **PV** , 10 **N** , 4 **I** , **FV** =148,024,428.5

3.3 현재가치(PV) 구하기

앞에서 학습한 FV를 구하는 공식을 이용하면, 우리는 현재가치 PV를 구하는 공식을 쉽게 유도할 수 있다.

$$FVn = PV \times (1+I)^n$$
$$\rightarrow \mathbf{PV = FVn} \div (1+I)^n$$

따라서 우리는 미래가치(FV)와 정해진 기간(N)과 이율(I)이라는 변수를 알면 우리는 현재가치(PV)를 구할 수 있다.

만약 3년 뒤에 1,000만원을 찾기 위해 연 3% 연복리 상품에 오늘 얼마를 예치하면 되는지를 알고 싶다면 다음과 같이 계산하면 된다.

1) 현재가치 공식을 이용한 계산

$$PV = FV \div (1+I)^n = 10{,}000{,}000 \div (1+0.03)^3 = 9{,}151{,}416.6 \text{ (원)}$$

2) 재무계산기를 이용한 계산

10,000,000 **FV** , 3 **N** , 3 **I** , **PV** ? −9,151,416.6

BA II 계산기를 이용한다면 다음의 순서대로 입력하면 된다.

10,000,000 **FV** , 3 **N** , 3 **I/Y** , **CPT** **PV** = −9,151,416.6

앞에서 학습한 바와 같이 PV 값이 음수(−)로 나타나는 것은 미래에 1,000만원을 은행으로부터 돌려받기(+) 위해서 오늘 내 주머니에서 얼마를 꺼내야(−) 되는지에 대한 것이므로, 유출에 해당되므로 (−)로 나타나는 것이다.

1장에서 올림픽 금메달리스트는 본인이 사망할 때까지 매월 100만원씩의 연금을 수령할 수 있다는 예시를 언급했었다. 이것은 실제로 우리나라에서 올림픽에 참가해서 메달을 획득한 선수들을 대상으로 운영되고 있는 프로그램 중 하나이다. 이와 같이 금액이 변하지 않고 일정하게 지급되는 연금을 '정액형 연금'이라고 한다.

정액형 연금은 매월 또는 매분기, 매년마다 일정 금액이 지급되기 때문에 미래의 수입을 예측하는 것이 매우 용이하다는 장점이 있다. 하지만 치명적인 단점이 있는데, 그것은 물가상승에 대비하기 어렵다는 것이다. 즉 물가는 매년 크고 적은 폭으로 지속적으로 오르고 있는데, 지급 받는 연금액은 언제나 같은 금액이 지급되다 보니 그 가치가 점점 하락하는 것이다. 예를 들어 2025년에 100만원으로 살 수 있는 물건들이 2035년에는 살 수 없게 되는 것이다. 이러한 현상을 '구매력 하락'이라고 이야기 한다.

[그림 3-4]는 올림픽 금메달리스트가 연간 1,200만원(100만원×12개월)씩 받게 되는 정액 연금의 가치가 시간이 경과할수록 어떻게 떨어지는 것인지를 나타낸 것이다. X표로 표시된 곡선은 물가상승률이 매년 1.5%씩 상승될 경우의 구매력 하락을 표시한

그림 3-4 정액형 연금의 구매력 하락 예시

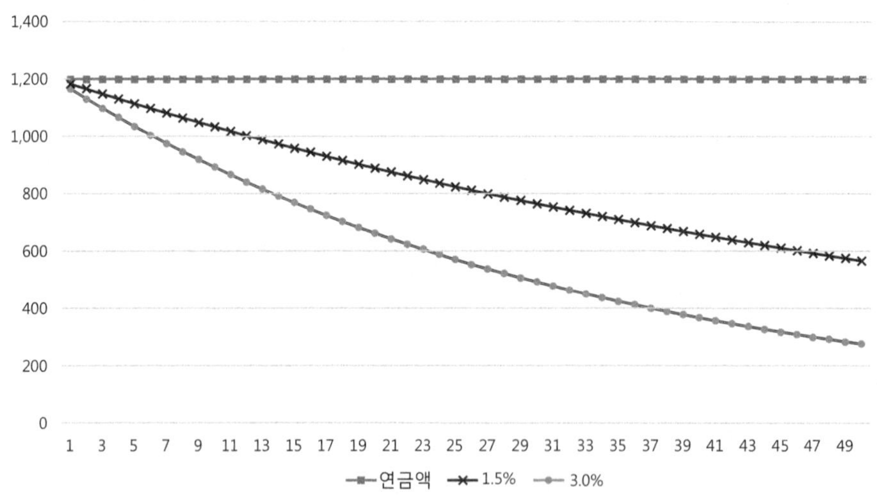

것이고 ○표로 표시된 곡선은 물가상승률이 매년 3.0%씩 상승될 경우의 구매력 하락을 표시한 것이다. 그러면 이것을 재무계산기를 이용해서 확인해보도록 하자.

5년 뒤 받게 되는 1,200만원은 현재가치로 얼마나 될 것인가? 물가상승률이 ① 1.5%인 경우와 ② 3.0%인 경우를 각각 구해보면 다음과 같다.

① 12,000,000 **FV** , 5 **N** , 1.5 **I** , **PV** ? **11,139,124원**

② 12,000,000 **FV** , 5 **N** , 3.0 **I** , **PV** ? **10,351,305원**

당연한 이야기지만 같은 기간이 경과했다고 보았을 때 물가상승률이 더 클수록 가치하락은 더 크게 나타난다. 그러면 10년 후와 20년 후의 1,200만원은 현재가치로 환산하면 어떻게 될까?

10년 후 1,200만원의 현재가치는?

① 12,000,000 **FV** , 10 **N** , 1.5 **I** , **PV** ? **10,340,007원**

② 12,000,000 **FV** , 10 **N** , 3.0 **I** , **PV** ? **8,929,127원**

20년 후 1,200만원의 현재가치는?

① 12,000,000 **FV** , 20 **N** , 1.5 **I** , **PV** ? **8,909,645원**

② 12,000,000 **FV** , 20 **N** , 3.0 **I** , **PV** ? **6,644,109원**

물가가 매년 상승할 경우 연금 수령자가 받게 되는 연금의 가치는 시간이 경과하면 할수록 감소하게 됨을 알 수 있다. 만약 올림픽 금메달리스트가 이 연금으로 생활비를 해결하려고 했다면, 해마다 화폐의 가치가 하락하는 것에 대한 별도의 대책을 세워야 될 것이다. 예를 들면 수령 연금을 모두 사용하지 말고 일부는 재투자하여 미래에 부족하게 될 수입 금액을 미리 준비하거나, 다른 소득원을 추가로 마련하는 것 등이 될 수 있을 것이다. 이렇듯 TVM에 대한 이해는 개인의 재무계획 수립에도 매우 중요한 역할을 하는 것을 알 수 있다.

3.4 기간(N) 및 이자율(I) 구하기

앞에서 TVM의 5요소 중 3가지 이상을 알면, 나머지 요소를 계산할 수 있다고 했다. 이 원리를 이용하면 우리는 미래가치(FV)와 현재가치(PV) 이외에도 기간(N)과 이자율(I)도 쉽게 계산할 수 있다.

3.4.1 기간(N) 계산

앞의 내용을 통해 재무계산기를 이용하여 미래가치(FV)와 현재가치(PV)를 계산하는 기본적인 방법을 익힌 경우 이를 변형하여 기간(N)의 계산도 할 수 있다.

예를 들어 이서경 씨는 수익률이 연 5% 연복리인 투자상품에 1,000만원을 투자하였을 때, 이 돈이 1,300만원이 되는데 시간이 얼마나 걸리는지 궁금했다고 하자. 어떻게 계산하면 될까?

−10,000,000 **PV**, 13,000,000 **FV**, 5 **I/Y**, **CPT** **N** 5.38

계산기를 사용해서 계산하면 1,000만원이 1,300만원이 되는데 5.38년이 걸리는 것으로 계산이 된다. 이 시간을 조금 더 정확하게 계산하면 다음과 같이 생각해 볼 수 있다.

$$5\text{년} + (0.38 \times 365\text{일}) = 5\text{년} + 138.7\text{일}$$

즉 연 5% 연복리인 투자상품에 1,000만원을 투입할 경우 5년하고 139일이 되는 시점에 1,300만원이 만들어지는 것을 알 수 있다.

이러한 기간(N)을 계산할 때 주의할 점이 두 가지가 있다.

첫 번째는 PV와 FV의 (+) (−) 구분에 유의하여야 한다는 것이다. 앞에서 유출과 유입에 대해서 설명한 바와 같이 PV를 (−), FV를 (+)로 표시해야 기간(N)을 계산할 수 있다. 우리가 일상생활에서와 마찬가지로 PV와 FV의 값을 모두 (+)값으로 입력을 하면 기간이나 이자율의 계산은 오류가 발생되며 수행되지가 않는다. 재무계산기 사용이 익숙하지 않은 초기에 자주 범하는 실수가 바로 이것이니 각별한 주의가 필요하다.

10,000,000 **PV** , 13,000,000 **FV** , 5 **I/Y** , **CPT** **N** Error 5

두 번째는 N이 반드시 년(年, year)을 의미하는 것은 아니라는 것이다. 위 사례에서는 이자가 1년에 한 번씩 계산되는 '연복리' 상품이므로 N 값을 년으로 이해하면 된다. 그런데 1장에서 학습했듯이 복리에는 그 이자계산 주기에 따라 연복리뿐만 아니라 반기복리, 분기복리, 월복리, 주복리, 일복리 등이 있을 수 있다. 따라서 우리가 재무계산기를 통해 구하게 되는 N 값은 이자계산 주기에 따라 년이 될 수도, 반기나 분기, 월, 주, 일이 될 수도 있음을 이해해야 된다. 앞의 예시를 '연 5% 연복리'가 아닌 '연 5% 월복리' 상품에 투입했다고 가정을 변경하고 N 값을 구하는 경우에는 다음과 같이 입력을 해야 한다.

−10,000,000 **PV** , 13,000,000 **FV** , 5÷12= **I/Y** , **CPT** **N**

이렇게 입력을 하면 63.16이라는 값이 산출된다. 여기서는 월복리가 적용된 것이므로 63이 의미하는 것은 년(年)이 아니라 월(月)이다. 따라서 63개월+0.16개월 뒤에 1,000만원이 1,300만원이 될 것이라고 표시를 한 것이다. 앞의 연복리 계산 시 5년+α로 값이 구해진 것과 비교하면 유사한 값이 계산된 것을 알 수 있다. 이와 같이 이자계산주기에 따라 N이 의미하는 바가 달라질 수 있음을 항상 유의하여야 할 것이다.

기간(N)을 구하는 계산을 다음과 같이 응용하여 사용할 수도 있다.

주식의 일일 가격등락폭은 전일 종가의 30%로 제한되고 있다. 만일 주가가 매일 상한가를 기록한다면 주가가 2배 되는데 소요되는 기간은 얼마인가?

재무계산기를 이용해 이 문제를 해결하고자 하는데, PV와 FV 값이 따로 주어지지 않았다. 이런 경우에는 어떻게 하면 될 것인가? 문제에서 묻는 것은 기준 주가가 2배가 되는 기간을 구하는 것이므로 임의의 PV와 FV 값을 설정해서 계산하면 된다. 1이 2가 되는데 걸리는 시간을 계산해도 되고 100이 200이 되는 시간 또는 5가 10이 되는 시간을 계산해도 된다. 다만 이때의 이자율(I) 값은 30%로 설정하면 되겠다.

−10 **PV** , 20 **FV** , 30 **I/Y** , **CPT** **N** =2.64

−5 **PV** , 10 **FV** , 30 **I/Y** , **CPT** **N** =2.64

▌3.4.2 이자율(I) 계산

같은 방식으로 이자율 계산도 계산기를 이용해 쉽게 할 수 있다.

이서경 씨는 1,000만원을 가지고 있다. 이 씨는 이 금액을 5년 뒤까지 1,500만원으로 만들어서 사업자금에 보태고자 한다. 이 목적을 이루고자 할 때 이 씨가 투자해야 될 금융상품의 연복리 수익률을 구해보자.

−10,000,000 **PV** , 15,000,000 **FV** , 5 **N** , **CPT** **I/Y** =8.45

이서경 씨가 1,000만원을 5년 동안 1,500만원으로 만들기 위해서는 최소한 연평균 8.45%의 수익률을 올릴 수 있는 상품에 투자를 해야 되는 것이다.

이자율(I)을 계산할 때에도 주의할 사항이 있다. 이것은 앞의 기간(N) 계산 시 두 번째 유의사항과 밀접한 연관이 있다. N 값이 반드시 년(年)이 아닌 것과 마찬가지로 계산된 I 값이 반드시 연(年)이율이 아니라는 것이다. 즉 이자계산주기에 따라 연이율이 될 수도 있고, 반기, 분기, 월, 주, 일간 이율이 될 수도 있다는 것이다.

예를 들어 1,000만원을 투자하여 1년 뒤에 이 돈이 1,120만원이 되는데 적용된 이자율이 얼마인지를 연복리가 적용되는 경우와 월복리가 적용되는 경우로 계산해 보도록 하자. ① 연복리가 적용된 경우의 N 값은 1(년)이 될 것이고, ② 월복리가 적용되는 경우에는 매월 이자계산을 하게 되므로 N 값이 12(개월)가 적용될 것이다. 이때의 각각 이자율을 계산해보자.

① −10,000,000 **PV** , 11,200,000 **FV** , 1 **N** , **CPT** **I/Y**

② −10,000,000 **PV** , 11,200,000 **FV** , 12 **N** , **CPT** **I/Y**

위 계산을 각각 수행하면 ①번 경우의 I 값은 12로 계산되고, ②번 경우의 I 값은 0.95로 계산된다. ①번 경우는 12.0% 연복리라고 해석할 수 있지만 월복리 상품에 투자한 ②번 경우는 0.95로 계산되었으므로 여기에 12(개월)를 곱해서 연이율로 환산을 해줘야 된다.

☞ 0.95×12=11.4%

즉 ②번 투자상품의 수익률은 '연 11.4% 월복리'라고 할 수 있는 것이다. 따라서 이자율을 계산할 때는 이자계산주기를 반드시 확인하고 연이율로 환산할 필요가 있을 경우에는 반기복리는 ×2, 분기복리는 ×4, 월복리는 ×12를 적용해서 구하면 된다.

참고로 이 값들이 딱 떨어지지 않게 나오는 것은 N 값의 소수점 세 번째 자리 이하의 숫자들을 버리고 계산했기 때문이다.

연습문제 *Exercise*

※ 다음 문제들을 재무계산기를 사용하여 풀이하시오.

문 1 100만원을 연 10%의 이자율로 5년간 복리 예금한 경우 만기에 받을 수 있는 금액은 얼마인가?

문 2 50년 전에 할아버지께서 미래에 태어날 손자인 나를 위해 100만원을 은행에 예금하였다고 하자. 지난 50년 동안의 이자율이 연 10%이고 연복리로 계산되었다면 내가 오늘 찾을 수 있는 금액은 얼마인가?

문 3 금융상품에 투자한 정기성 씨는 10년 후 투자 원금과 수익금을 합하여 10,000,000원을 회수할 것으로 예상된다. 이 상품의 수익률이 연 5% 연복리일 때, 10년 후 받을 10,000,000원의 현재가치는 얼마인가?

문 4 김태영 씨는 주식형 펀드에 6,000,000원을 투자하였다. 만약 이 펀드가 매년 연 6% 연복리의 수익을 얻게 된다면 7년 후 투자에 대한 가치는 얼마가 될 것인가?

문 5 전지숙 씨는 10년 전 연복리로 계산되는 계좌에 1,000,000원을 투자하여 현재 2,400,000원을 모았다. 이 때 적용된 복리이율은 얼마인가?

문 6 올림픽 메달리스트 김영광 씨(26세)는 매월 100만원의 연금을 지급 받게 되었다. 김영광 씨가 30년 뒤에 받게 될 100만원의 연금은 현재가치로 얼마의 구매력을 가질 수 있는가? 단 물가상승률은 연 2%라고 가정한다.

문 7 A씨는 3년 후에 차를 구입하기 위하여 2천만원을 모으려고 한다. 자신의 투자금액은 매년 5% 연복리로 수익을 올릴 것으로 기대된다. 현재 시점에서 투자할 금액은 얼마인가?

문 8 수익형 펀드에 3,000 만원을 투자한 홍길순 씨는 5년 뒤 만기가 되면 4,500 만원을 받기로 되어 있다. 이 펀드의 연 수익률은 얼마인가?

문 9 이지훈 씨는 10년 뒤 1억 원을 모으는 것이 꿈이다. 지훈 씨가 가입 예정인 상품이 연 6% 복리가 적용되는 상품인 경우, 현재 얼마를 저축하면 이 꿈을 이룰 수 있겠는가?

문10 김병수 씨는 중학교 2학년인 외아들 철훈이가 5년 뒤 대학교에 입학하는 시점에 등록금이 부족할까봐 연 3% 복리 상품에 투자를 검토하고 있다. 병수 씨가 얼마를 투자하면 철훈이의 등록금이 준비될 수 있겠는가? (5년 뒤의 대학 첫 학기 등록금은 500만원이라고 가정한다.)

Chapter

04

PMT의 이해

4.1 PMT의 정의

앞에서 TVM 계산에는 5요소가 있다고 설명했다. 그것은 바로 현재가치(PV), 미래가치(FV), 기간(N), 이자율(I)와 정액의 정기적인 현금흐름(PMT, payment)이다. 이 5요소 중 PMT를 제외한 나머지 요소들에 대해서는 3장에서 설명이 되었다. 그러면 남아 있는 PMT에 대해서 알아보도록 하자.

PMT는 '정액의 정기적인 현금흐름'이라고 정의했다. 이것을 풀어서 설명하면 같은 크기의 금액이 일정한 주기마다 반복적, 규칙적으로 유입 또는 유출의 현금흐름을 나타내는 것을 의미한다.

앞에서 예시했던 올림픽 금메달리스트가 받게 되는 매월 100만원씩의 연금 같은 경우가 '정액의 정기적인 현금흐름'중 유입(+)의 사례가 될 수 있다. 이 금액은 당사자가 사망할 때까지 매월 정기적으로 지급된다고 했으며, 금액에도 변함이 없다고 했다. 반면 적금을 가입하고, 3년 동안 한 달에 10만원씩 납입을 하는 경우는 유출(−)의 정액·정기적 현금흐름 사례에 해당될 것이다. 다음 표는 이와 같은 정액의 정기적인 현금흐름의 사례들을 정리해 놓은 것이다.

표 1-1 정액의 정기적인 현금흐름 발생 사례

구분	사례
현금유입 (+)	• 금액이 확정되어 있는 급여 (고정급) • 정액형 연금 • 매 주기마다 이자가 지급되는 채권에 투자한 경우
현금유출 (−)	• 매 주기마다 일정한 금액을 납입하는 적금, 적립식 펀드 등 • 매월 일정하게 지출되는 생활비 • 매월 상환하는 원리금균등분할 상환 방식의 대출 원리금

4.2 반복적인 현금흐름의 계산

3장에서 학습한 현재가치(PV)와 미래가치(FV)의 계산은 현금흐름이 1번만 발생되는 경우이다. 즉 지금의 가치가 미래에 얼마의 가치를 나타낼지 또는 미래의 일정한 가치가 현재가치로는 얼마나 될지를 계산해 보는 것이다. 미래가치를 현재가치로 환산하는 것을 그림으로 표현해 보면 다음 [그림 4-1]과 같다.

그림 4-1 1년 뒤의 1,000만원은 현재가치로 얼마인가? (이자율 연 2%)

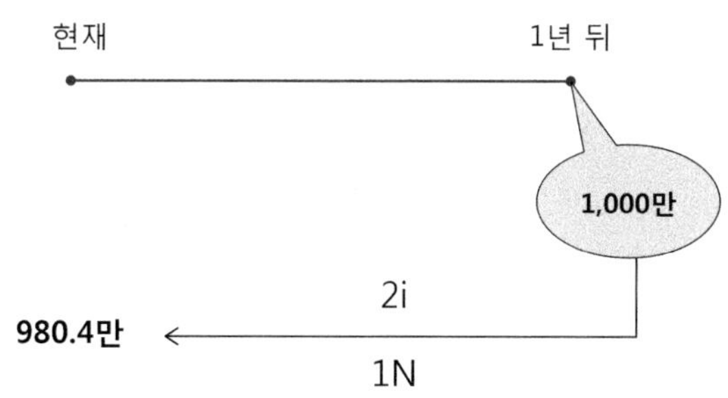

이 그림의 의미는 1년 뒤 1,000만원이 현재가치 얼마와 같은지를 계산하려면 기간 1년과 이자율 연 2%를 반영하여 계산하면 된다는 것이다. 이것을 식으로 나타내면 1,000만원÷(1+0.02)이 된다. 1,000만원을 1년, 연 2%로 할인하였다고 표현하기도 한다. 이렇게 계산하면 이자율이 연 2%인 경우 1년 뒤의 1,000만원은 현재의 980만 4천원의 가치를 갖는다고 할 수 있다.

그런데 앞에서 언급한 정액형 연금, 고정급여, 대출 원리금 상환 등은 현금흐름이 여러 번 발생되는 경우이다. 이렇게 여러 번 발생되는 현금흐름도 위와 같은 방법으로 계산할 수 있다. 예를 들어 이자율이 연 2%인 경우 앞으로 3년간 매년 말 1,000만원씩 받게 되는 금융상품의 현재가치가 얼마인지 알고 싶다고 가정하자. 이것을 위와 같은 방법으로 계산하면 다음과 같이 될 것이다.

그림 4-2 3년간 매년 말 1,000만원씩 받는 상품의 현재가치는? (이자율 연 2%)

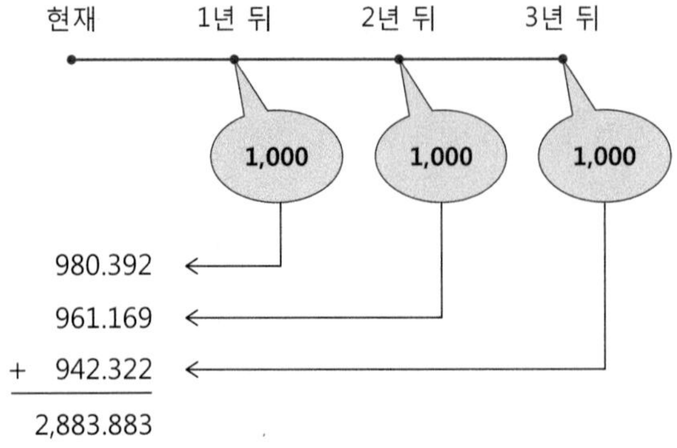

[그림 4-2]를 수식으로 표현하면 다음과 같다.

① 1년 뒤 1,000만원의 PV=1,000만÷(1+0.02)=980.4만원

② 2년 뒤 1,000만원의 PV=1,000만÷$(1+0.02)^2$=961.2만원

③ 3년 뒤 1,000만원의 PV=1,000만÷$(1+0.02)^3$=942.3만원

①+②+③=2,883.9만원

각각의 시점에서 발생이 예상되는 현금흐름을 해당되는 기간과 이자율로 할인하여 현재가치를 구한 뒤, 이것들의 합계를 구하면 반복적인 현금흐름의 현재가치를 계산할 수 있다. 하지만 위 과정에서 볼 수 있듯이 이는 상당히 번거롭고, 복잡한 계산을 여러 번 반복해야 되는 단점이 있다. 재무계산기를 사용해서 계산한다고 해도 많은 숫자를 두드려야 결과를 얻을 수 있을 것이다. 그나마 예시는 3번의 현금흐름이 발생되는 경우라 어느 정도의 번거로움을 감수한다면 위와 같은 방법으로도 계산할 수 있을 것이다. 하지만 만약 30년간 지급되는 정액형 연금의 현재가치를 구해야 될 일이 있다면 위의 과정을 30단계를 거쳐야 되는데 이 얼마나 번거로운 일인가?

이러한 상황에서 유용하게 사용할 수 있는 것이 PMT함수인 것이다. 재무계산기에 PMT 계산 기능을 활용하면 위의 복잡한 단계를 아주 간편하게 계산할 수 있게 되는 것이다.

4.3 기시급과 기말급

그런데 PMT는 TVM의 나머지 요소인 PV, FV, N, I와는 다른 독특한 특성을 가지고 있다. 그것은 기시급(BGN, Beginning mode)과 기말급(END, End mode)이라는 성질이다. 이것이 무엇을 의미하는지를 다음 사례로 이해해 보도록 하자. ①과 ②의 사례 모두 1월 1일은 법정공휴일이지만 이해의 편의상 은행이 정상적으로 근무를 한다고 가정하자.

① 이서경 씨는 목돈을 만들기 위하여 1년짜리 적금을 가입하기로 하고, 1월 1일 은행을 방문하였다. 서경 씨는 은행에 온 김에 1월 1일부터 바로 저축을 시작하고 매월 1일에 저축금액을 납입하기로 약정하였다.

② 1월 1일 은행에 방문한 이서경 씨는 자신의 급여일이 매월 말일인 점을 감안하여 저축을 1월 31일부터 매월 말일마다 급여통장에서 자동이체하기로 약정을 하고 귀가하였다.

①번과 ②번의 차이를 구분할 수 있는가? 이 적금의 만기일인 12월 31일에 이서경 씨는 은행으로부터 같은 금액을 받게 될 것인가?

큰 차이는 아니지만 1월 1일부터 바로 저축을 시작하는 경우와 1월 31일부터 저축을 시작하는 경우는 최초 투입시점(1월 1일 vs 1월 31일)의 차이와 이로 인한 이자 계산 기간이 달라지므로 만기에 받을 수 있는 이자금액에 차이가 발생될 것이다. 위에서는 기간이 그리 길지 않은 1년짜리 적금을 예로 들어 ①번과 ②번의 이자 차이는 그렇게 크지 않을 것이다. 하지만 화폐의 시간가치를 계산하는 입장에서는 이 둘의 차이를 결코 무시해서는 안 된다. 이것을 보다 잘 이해하기 위해 [그림 4-3]을 참고하자.

그림 4-3 기시급과 기말급의 차이

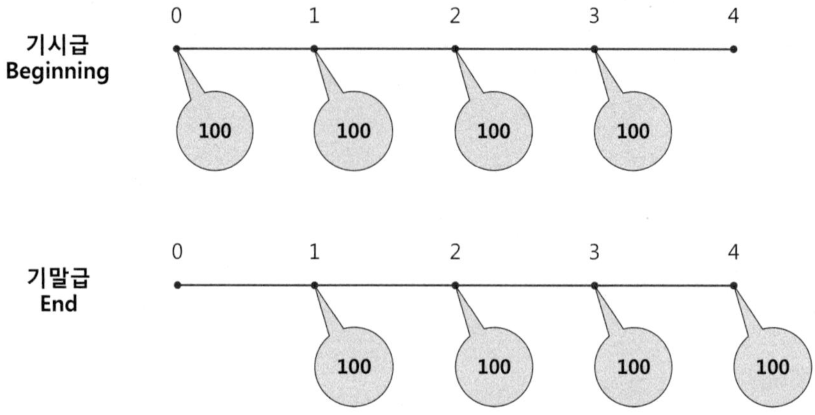

[그림 4-3]에서 볼 수 있듯이 기시급의 경우에는 오늘 적금 계약과 동시에 1회분 납입이 이루어지는 반면, 기말급은 오늘 계약만 체결하고 1회분 납입은 한 구간이 경과한 시점부터 시작하는 것을 알 수 있다. 따라서 기말급의 경우에는 마지막 회분 저축액을 납입하는 동시에 원금과 이자를 수령하게 된다. 즉 앞의 사례에서 이서경 씨가 기말급 저축을 했다고 하면 1월 1일에 적금 계약 체결, 1월 31일에 1회분 납입, 2월 28일(또는 29일)에 2회분 납입 … 11월 30일에 11회분 납입, 12월 31일에 마지막 12회분을 납입하는 것과 동시에 만기가 도래하여 원금과 이자를 받게 되는 것이다.

그림 4-4 계산기 기시급, 기말급 설정

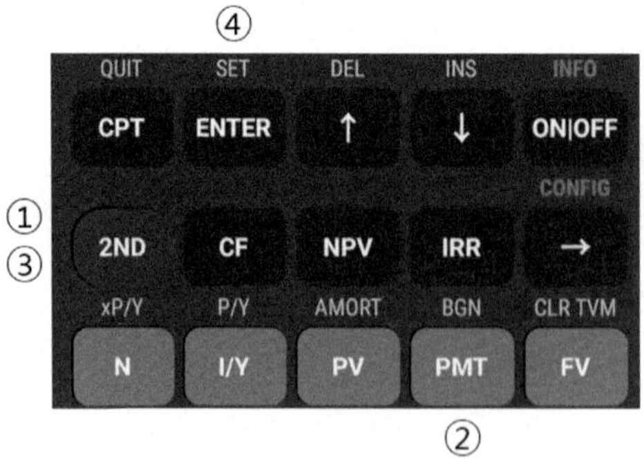

우리가 사용하는 재무계산기는 이러한 PMT의 기시급과 기말급을 구분하여 계산할 수 있도록 되어있다. 우선 정확한 PMT 관련 계산을 수행하기 위한 BA II 계산기 설정에 대해서 [그림 4-4]를 참조하여 알아보도록 하겠다.

PMT 계산을 위한 기시급, 기말급 설정은 계산기를 다음과 같이 조작하면 된다. 계산기의 **2ND** 버튼은 컴퓨터의 [shift] 와 같은 기능을 한다.

① **2ND** 버튼 누름

② **PMT** 버튼을 누르면 **PMT** 위에 있는 [BGN] 활성화

③ 다시 **2ND** 버튼 누름

④ **ENTER** 버튼을 누르면 [SET] 활성화 → 기시급과 기말급 선택 가능

⑤ **PMT** +[SET]을 반복해서 누름 → BGN과 END 전환

이렇게 계산기의 기시급과 기말급을 선택하면 [그림 4-5]와 같이 화면에 표시가 된다. 특히 기시급을 선택했을 경우에는 화면 오른쪽 상단에 BGN(↓표시)이 표시되어 기시급 모드임을 알 수 있다. 반면 기말급(END)은 화면에 따로 표시되지 않는다. 즉 화면 상단에 BGN이 없으면 기말급(END) 모드이다.

그림 4-5 계산기 기시급, 기말급 전환

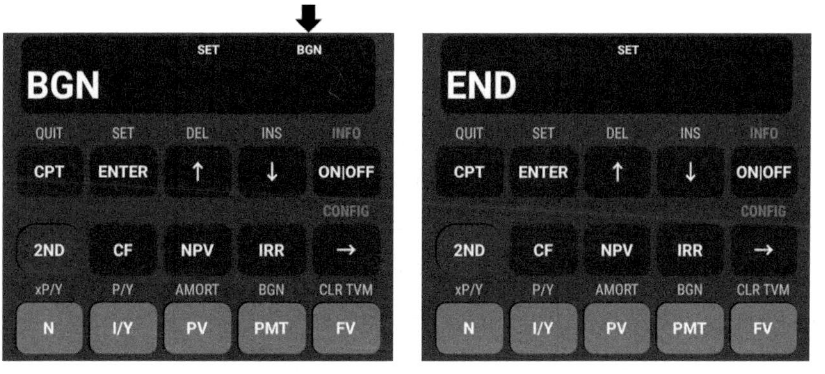

→ 기시급으로 전환된 상태 → 기말급으로 전환된 상태

그러면 기시급과 기말급의 이자 차이가 실제 어느 정도 발생되는지 재무계산기를 이용해 확인해 보도록 하자.

| 연습 1 | 오늘부터 매년 초 10,000천원씩 5년간 저축을 할 경우 5년 뒤 받을 수 있는 원리금 합계액은 얼마인가? 이 상품은 연5% 연복리가 적용된다.

☞ 기시급 모드 : BGN

2ND [BGN] **2ND** [SET] **2ND** [QUIT]

→ **2ND** 버튼을 누르면 SHIFT 기능으로 기본 버튼 상단 기능 활성화

※ 오른쪽 화면 상단에 BGN 표시 확인

2ND **FV** → [CLR TVM] 활성화(TVM 계산 초기화)

−10,000 **PMT** , 5 **N** , 5 **I/Y** **CPT** **FV** =58,019.13

| 연습 2 | 올해 말부터 10,000천원씩 5년간 저축을 할 경우 5년 뒤 받을 수 있는 원리금 합계액은 얼마인가? 이 상품은 연5% 연복리가 적용된다.

☞ 기말급 모드 : END (※ 오른쪽 화면 상단에 BGN 표시 없음 확인)

화면에 BGN 표시 있으면 **2ND** [BGN] **2ND** [SET] **2ND** [QUIT]

−10,000 **PMT** , 5 **N** , 5 **I/Y** **CPT** **FV** =55,256.31

위 [연습 1]과 [연습 2]의 계산 결과에서 볼 수 있듯이 같은 10,000천원씩의 금액을 같은 이자율 5%로 같은 기간 5년 동안 저축을 했음에도 기시급인지, 기말급인지에 따라서 원금과 이자의 합계금액에 차이가 발생이 된다.

즉 기시급으로 저축한 경우에는 원금과 이자가 58,019.13천원으로 기말급으로 저축한 경우의 원금과 이자 55,256.31천원에 비해 2,762.82천원이 더 많음을 확인할 수 있다. 이것은 투입된 원금이 이 상품에 머문 시간의 차이로부터 발생된 것이다. 따라서 저축이나 투자를 계획하고 있다면 하루라도 빨리 시작하는 것이 나중에 받는 이자의 크기가 조금이라도 더 커질 수 있는 것이다.

같은 금액, 이자율, 기간 동안 저축을 했다면 만기 시점에서 기시급 방식의 원리금 합계가 기말급 방식의 원리금 합계보다 더 크다!

그러면 어떤 것이 기시급 방식이고, 어떤 것이 기말급 방식이 적용되는지 어떻게 구분할 수 있을까? 우리가 일상에서 은행을 방문하거나 인터넷 뱅킹 등을 이용하여 새롭게 저축을 시작하게 되는 경우에는 기시급이 적용되는 것일까 아니면 기말급이 적용되는 것일까? 보통 은행이나 증권사, 보험사 등 금융기관의 저축상품(또는 투자상품)을 가입할 때에는 이러한 것들을 잘 따지지 않는다. 그 이유는 IT 기술의 발전으로 고객은 가입일, 만기일, 월납입금액, 납입일, 상품 등만 선택하면 지급받는 이자는 금융기관이 미리 설정해 놓은 프로그램을 통해 자동적으로 계산되기 때문이다. 만약 5월 1일에 가서 계약을 하면 당일에 첫 납입금을 낼 수도 있고, 급여일 등에 맞춰 10일, 25일, 말일 등 자유롭게 날짜를 지정할 수도 있다. 만기일은 보통 가입한 날짜를 기준으로 하는데 예를 들어 1년짜리 적금을 20×1년 3월 7일에 가입하면 20×2년 3월 6일로 자동 설정된다. 아무튼 금융소비자 입장 또는 창구 업무직원 입장에서는 금융상품을 가입하거나 판매할 때 이러한 것을 굳이 신경 쓰지 않아도 된다.

하지만 회계장부 기장, 채권 이자금액의 수기 계산, 재무설계 Plan 수립 등 실무 업무와 CFA, CFP, FRM 등 금융관련 고급 자격증 시험에서 나오는 저축액 계산, 대출금액 계산, 채권 이자 및 할인금액 계산 등에서는 기시급과 기말급을 반드시 구분해서 계산해야 오류가 발생하지 않는다.

보통 기시급이 적용되는 경우는 "오늘부터, 지금부터, 매월 초, 매년 초"라는 표현이 붙는다. 그리고 등록금, 생활비 등은 기시급이 적용되는 것이 일반적이다. 등록금을 내야 학교에 다닐 수 있으며, 생활비 없이 생활을 할 수는 없기 때문이다. 반대로 기말급이 적용되는 경우는 "매년 말, 매월 말, 말일부터" 등의 표현이 붙는다. 또한 급여, 이자 등은 기말급이 적용되는 것이 일반적이다. 이것은 근로를 제공해야 그 대가로 급여를 받고, 돈을 빌리거나 빌려 준 경우의 이자 계산은 사용일수를 따져서하기 때문에 그렇다.

4.4 PMT의 응용

1장에서 올림픽 금메달리스트가 국가에서 지급하는 보상금을 일시금으로 받는 것이 좋을지 아니면 연금으로 받는 것이 좋을지를 선택할 때 화폐의 시간가치가 결정적인 역할을 할 수 있다는 예시를 든 적이 있다. 이것을 재무계산기의 PMT기능을 이용하여 직접 계산해 보도록 하자.

> **[가정]** 홍길동 선수, 22세 남성, 물가상승률 연 2%
> 기대여명 59년 (통계청 완전생명표 기준)
> ① 일시금 67,200천원
> ② 사망 시까지 매월 연금 1,000천원

홍길동 선수가 합리적이고 현명한 의사결정을 하려면 ①안과 ②안을 비교하여 선택하여야 한다. 이를 위해서는 비교하는 '시점'을 통일시켜줘야 한다. 즉 ①안은 즉시 받게 되는 일시금이므로 현재시점에서 본 현재가치 기준이고, ②안은 앞으로 1개월 뒤, 2개월 뒤 … 20년 뒤, 30년 뒤 등과 같이 앞으로 발생될 현금흐름이므로 미래가치의 성격을 가지고 있다. 따라서 ②안을 ①안과 비교하기 위해서는 '현재' 시점으로 두 가지 선택안의 시점을 일치시켜 줘야한다. 그러면 ②안의 현금흐름의 현재가치를 구해서 ①안과 비교하면 될 것이다.

홍길동 선수가 받게 되는 연금은 금액의 변동이 없는 정액형 연금이고, 매월 주기적으로 지급되므로 정액의 정기적인 현금흐름, 즉 PMT의 속성을 가지고 있다. 여기서는 계산의 편의를 위해 매년 초 12,000천원(=1,000천원 × 12개월)의 현금흐름이 발생된다고 가정하자. 이를 계산기를 통해 계산하는 과정은 다음과 같다.

☞ 기시급 모드 : BGN

2ND [BGN] **2ND** [SET] **2ND** [QUIT]

※ 오른쪽 화면 상단에 BGN 표시 확인

2ND [CLR TVM]

12,000 **PMT** , 59 **N** , 2 **I/Y** **CPT** **PV** −421,742.7

이러한 1장 예제 마지막에 '일시금 6,720만원을 받는 것이 좋겠는가 아니면 4억 2,174만원을 받는 것이 좋겠는가?'라고 표현을 했었는데, 이때의 4억 2,174만원이 이러한 과정을 통해 계산된 값이다. 당연히 67,200천원보다는 421,742.7천원이 합리적인 결정이 될 것이다. 다만 이러한 의사결정에는 홍길동 선수가 건강하게 평균수명만큼 생존한다는 전제가 깔려있다. 만약 경우에 따라 홍 선수가 평균수명보다 일찍 사망하게 되어서 연금으로 받은 총금액이 일시금 수령액보다 적게 된다면 일시금으로 수령하는 것이 유리할 수도 있고, 평균수명보다 훨씬 더 오래 장수한다면 연금 수령이 더욱 유리한 선택이 될 수도 있다는 점을 참조해야 될 것이다.

그러면 매월 지급되는 연금의 성격을 반영하여 계산을 조금 더 정확하게 하려면 다음과 같이 입력하면 된다.

☞ 기시급 모드 : BGN

1,000 **PMT** , 708(=59×12) **N** , 0.167(=2÷12) **I/Y**

CPT **PV** −416,144.0

이때 주의할 것은 기간(N) 값과 이자율(I) 값이다. N은 연금 수령 횟수이므로 기대여명 59년 동안 매월 지급되므로, 59년 × 12개월=708개월이 된다. I는 연 2%인데 매월 지급되는 것이므로 2%÷12개월=0.167%가 되는 것이다. 계산기에 입력할 때는 59×12를 따로 계산해서 708을 입력하거나 2%÷12를 계산해서 0.167을 입력하지 않고 59 × 12= **N** , 2÷12= **I/Y** 의 순서대로 입력하면 간단하게 계산할 수 있다.

[응용] 금방 계산한 값을 다음과 같이 해석할 수도 있다.

☞ 홍길동 선수가 앞으로 59년 동안 매월 초 1,000천원의 연금을 수령하기 위해 지금 연 2%의 수익률이 보장되는 상품에 납입하여야 할 금액은 얼마인가?

앞의 사례를 이렇게 비교해 볼 수도 있겠다. 홍길동 선수가 67,200천원의 일시금을 받아서 이를 매월 초 연금으로 나누어 주는 상품에 가입하는 경우 매월 수령할 수 있는 연금은 얼마인가? 이 상품은 연 2%로 운영된다.

이러한 경우에는 일시금 수령액 67,200천원을 PV로 설정하고 매월 수령하는 연금액을 PMT를 이용해서 계산하면 된다.

☞ 기시급 모드 : BGN

67,200 **PV** , 59×12= **N** , 2÷12= **I/Y** **CPT** **PMT** −161.5

67,200천원의 일시금은 59년간 매월 초 161.5천원을 수령할 수 있는 연금과 가치가 같으므로, 매월 1,000천원의 연금을 선택하는 것이 훨씬 더 유리하다고 판단할 수 있다.

이와 같이 PMT를 이용하면 정액의 정기적인 현금흐름에 대해서 빠르게 계산할 수 있다. 정액 저축액의 계산, 연금액의 계산, 대출상환액의 계산 등에 응용할 수 있으며, 다음 제시된 연습문제를 통해 기본적인 훈련을 하고 각 유형별 사례는 뒤에서 보다 자세히 학습하도록 할 것이다.

연습문제 *Exercise*

※ 다음 문제들을 재무계산기를 사용하여 풀이하시오.

문 1 매년 말 5,000천원을 적립할 경우 8년 뒤에 찾을 수 있는 금액은 얼마인가? 이 상품의 수익률은 연 4.5% 연복리가 적용된다.

문 2 매년 초 5,000천원을 적립할 경우 8년 뒤에 찾을 수 있는 금액은 얼마인가? 이 상품의 수익률은 연 4.5% 연복리가 적용된다.

문 3 매월 초 100천원의 저축을 3년간 지속할 때, 만기일에 받을 수 있는 환급금은 얼마인가? 이 상품의 금리는 연 4.0%이다.

문 4 김영준 씨는 20년 후에 은퇴할 예정이다. 20년 후 기준으로 은퇴 자금이 10억 원이 필요할 것으로 예상된다. 영준 씨가 매년 말 저축해야 하는 금액은 얼마인가? 이자율은 연 6%라고 가정하자.

문 5 20년이 경과되어 김영준 씨는 10억 원의 돈을 가지고 은퇴하게 되었으며 이 돈으로 매년 초 연금을 지급해주는 상품에 가입을 하였다. 영준 씨가 앞으로 40년을 살 수 있을 것으로 예상되어서 이 기간 동안 연금을 지급받는 것으로 계약하였다면 매년 초 기준으로 영준 씨에게 지급되는 연금액은 얼마인가? 이자율은 연6%이다.

문 6 홍길현 씨는 5년 뒤 20,000천원 상당의 차를 사기 위해서 연 3% 연복리 투자 상품에 가입하고자 한다. 홍길현 씨가 이 금액을 모으기 위해서 매년 초 불입할 금액은 얼마인가?

문 7 이영환 씨는 5년간 매월 초 500천원씩 저축을 하여 유학자금을 준비하고자 한다. 저축 이율이 연 5.0% 월복리일 때 이 상품으로 모을 수 있는 금액은 얼마인가?

문 8 이영환 씨가 위 **문 7**의 상품에 매월 말 같은 금액을 저축하기로 하였다면 모으게 되는 금액은 얼마인가?

문 9 최철수 씨는 자녀 대학 입학금을 위해 3년 동안 10,000,000원을 모으려고 한다. 이를 위해 매월 복리 연 4%의 수익을 올리는 펀드에 매월 초 정기적으로 일정한 금액을 불입하려고 한다. 이 때 불입 금액이 얼마가 되어야 이 자금을 만들 수 있는가?

문 10 이성동 씨는 늦둥이인 막내아들의 독립자금을 만들기 위하여 앞으로 10년 동안 매월 말 300,000원을 모으려고 한다. 이 금액이 연 3.0% 월복리의 수익을 올릴 수 있는 계좌에 적립된다면 10년 후 이 계좌의 평가 금액은 얼마가 될 것인가?

Chapter

05

Cash Flow의 이해

5.1 불규칙한 현금흐름

4장에서 학습한 PMT의 전제조건은 정액(금액이 같아야함)의 정기적(일정한 주기마다 반복적, 규칙적으로 현금흐름이 나타남)이어야 한다는 것이었다. 그런데 우리가 일상생활을 하거나 기업 활동을 하는 경우에 이와 같이 일정한 현금흐름도 발생되겠지만, 그렇지 않은 경우가 더 많지 않을까?

개인들의 일상을 보면 많은 사람들이 자금 계획을 세우고, 수입과 지출을 관리하지만 이것이 뜻대로 다 이루어지지는 않는다. 예를 들어 이번 달 식대를 400천원으로 정했다고 하더라도 이보다 적게 쓰는 경우도 있고, 많이 쓰는 경우도 있는 것이 일반적이다. 게다가 계획이 잘 지켜졌다고 해도 그 금액이 400천원으로 정확하게 딱 떨어지는 경우는 드물 것이다. 수입의 경우도 마찬가지이다. 일정한 금액을 받기로 회사와 연봉 계약을 한 사람이라고 하더라도 매월 소득세, 국민연금·건강보험·고용보험 등의 각종 사회보험료, 경조사비, 연말정산 후 추가납부·환급금액 발생 등의 지출정산항목이 수시로 변동될 수 있고, 고정급여 외에 상여금, 인센티브 등의 성과급을 추가로 받았다면 수입도 변동될 가능성이 있다. 더군다나 만약 사업을 하는 사람이라면 사업이 잘 되었는지 아닌지, 잘 되었다면 얼마나 잘 되었는지 그 성과에 따라 매월 유입되는 금액이 천차만별이 될 가능성이 상당히 크다.

이렇게 불규칙하게 나타나는 현금흐름은 재무계산기의 PMT함수 기능으로는 계산이 불가능하다. 그러면 어떻게 계산할 수 있을까? 예를 들어 오늘 1,000만원의 돈을 사업에 투자하면 1년 뒤 500만원, 2년 뒤 400만원, 3년 뒤 300만원, 4년 뒤 100만원의 성과가 발생될 것으로 예상되는 투자계획이 있다고 가정하자. 이 현금흐름의 현재가치를 우리가 앞에서 학습한 PV 계산 방법을 사용하면 [그림 5-1]과 같이 될 것이다. (할인율 연 10%인 경우)

그림 5-1 불규칙한 현금흐름의 현재가치 계산

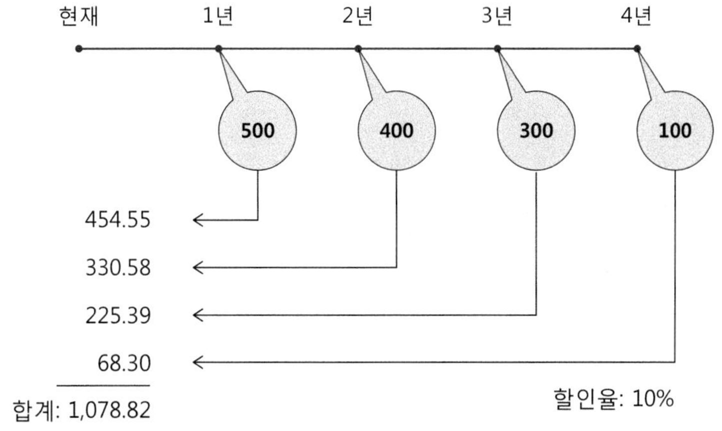

[그림 5-1]을 수식으로 표현하면 다음과 같다.

① 1년 뒤 500만원의 PV=500만÷(1+0.10)=454.55만원

② 2년 뒤 400만원의 PV=400만÷$(1+0.10)^2$=330.58만원

③ 3년 뒤 300만원의 PV=300만÷$(1+0.10)^3$=225.39만원

④ 4년 뒤 100만원의 PV=100만÷$(1+0.10)^4$=68.30만원

①+②+③+④=1,078.82만원

이 계산을 재무계산기를 이용해 계산하면 다음과 같이 될 것이다.

① −500 **FV** , 1 **N** , 10 **I/Y** **CPT** **PV**

② −400 **FV** , 2 **N** , 10 **I/Y** **CPT** **PV**

③ −300 **FV** , 3 **N** , 10 **I/Y** **CPT** **PV**

④ −100 **FV** , 4 **N** , 10 **I/Y** **CPT** **PV**

☞ 불규칙한 현금흐름의 현재가치=①+②+③+④

현재가치를 구하는 공식을 이용하는 일반적인 계산방법으로도, 재무계산기의 PV

계산 기능을 이용해서도 불규칙한 현금흐름의 현재가치를 구하는 것은 가능하다. 다만 그 과정이 번거로울 뿐이다. 게다가 위 예시처럼 현금흐름이 3~4번 발생되는 것이 아니라 여러 번의 현금흐름이 발생된다면, 위와 같은 방법으로 계산하는 것은 상당히 비효율적인 일이 될 것이다.

재무계산기를 이용해 불규칙한 현금흐름의 가치를 계산하는 간편한 방법에 대해 학습하기에 앞서 우리는 NPV(순현재가치)와 IRR(내부수익률)에 대한 이해를 하는 것이 좋다. 따라서 NPV와 IRR에 대한 학습을 우선 진행하기로 한다.

[Tip] 이자율(I), 할인율, 요구수익률, 기대수익률

불규칙한 현금흐름을 계산하는 과정에서 자주 등장하는 개념이 할인율 또는 요구수익률이다. 앞에서 TVM 계산의 5요소에 I(이자율)이 있다고 전제했다. 즉 화폐의 시간가치를 계산하기 위해서는 반드시 적정한 I(이자율)값이 정의가 되어야 한다. 그런데 이 I 값은 굉장히 다양한 모습으로 나타난다.

그 중 하나가 할인율이다. 이 '할인율'은 미래가치(FV)를 적정한 현재가치(PV)로 평가하기 위해서는 '얼마로 할인하면 되는지'를 이야기하는 것이다. 이것은 때로는 물가상승률이 될 수도 있고, 예금 금리, 투자상품의 수익률이 될 수도 있다. 우리가 알아보려고 하는 것이 무엇인지, 예시에서 언급되어 있는 것이 무엇인지를 잘 따져 보고 판단해야 할 것이다.

다음으로 '요구수익률'은 말 그대로 투자자가 '요구하는 수익률'이라고 생각하면 이해하기 쉽다. 어떤 투자자가 투자 검토를 하면서 '나는 이 투자를 진행하면서 적어도 4%의 수익이 발생되기를 희망해'라고 한다면 해당 투자안은 4%의 요구수익률을 이자율(I)로 반영해서 계산하면 되는 것이다.

한편 '기대수익률'은 해당 투자안에서 나올 것으로 '기대'되는 수익률이라고 생각하면 된다. 즉 '이 투자계획은 연간 3%의 수익률이 예상(기대)됩니다'라고 한다면 이 투자계획은 연 3%의 수익률을 적용해서 화폐의 시간가치를 계산하면 되겠다.

5.2 순현재가치(NPV)

순현재가치(純現在價値) NPV는 Net Present Value의 약자로 '순현가'라고 표현하기도 하며, 일반적으로 사업의 가치를 나타내는 지표로 많이 쓰인다. 순현재가치는 "최초 투자시기부터 사업이 종료되는 시기까지 연도별 현금흐름을 현재가치로 환산한 것"이라고 정의할 수 있다.

이것을 수식으로 나타내면 다음과 같다.

$$NPV = \frac{C_1}{(1+r)} + \frac{C_2}{(1+r)^2} + \cdots + \frac{C_t}{(1+r)^t} - C_0$$

r : 할인율 또는 요구수익률 (i 로 표현되기도 함)
t : 사업 기간 (n으로 표현되기도 함)
C_t : 시간 t에서의 순현금흐름(=현금유입 − 현금유출)
C_0 : 최초 투자금액

위의 식을 다음과 같이 나타낼 수도 있다.

$$NPV = \sum_{t=1}^{n} \frac{C_t}{(1+r)^t} - C_0$$

이 식을 조금 더 쉽게 풀어서 쓰면 다음과 같다.

$$NPV = \Sigma(\text{현금유입의 PV}) - \Sigma(\text{현금유출의 PV}) = \Sigma(\text{순현금흐름의 PV})$$

즉 미래의 현금흐름을 요구수익률로 할인한 값과 현재의 현금유출을 비교하여 투자안의 경제성 판단한다는 것이다. 이렇게 계산한 결과가 양(+)의 값을 나타내면 이 투자안을 채택하고, 만약 음(−)의 값을 나타내면 기각한다.

그림 5-2 불규칙한 현금흐름의 NPV 계산

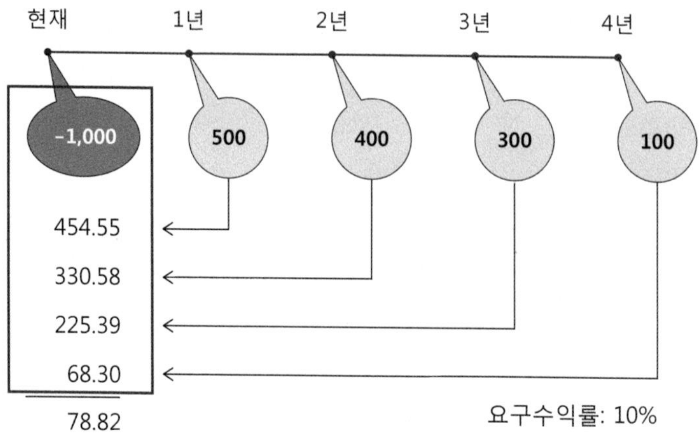

예시는 오늘 1,000만원의 돈을 사업에 투자하면 1년 뒤 500만원, 2년 뒤 400만원, 3년 뒤 300만원, 4년 뒤 100만원의 성과가 발생될 것으로 예상되는 투자안에 대한 것이었다. 이때 1년 뒤, 2년 뒤와 같이 미래에 나타날 것으로 예상되는 현금흐름을 요구수익률 10%로 할인한 각각의 현재가치 합계 금액 1,078.82만원에서 최초 이 사업에 투자한 금액 1,000만원을 차감해서 순현재가치 NPV를 계산하는 것이다.

이 사례에서는 계산된 NPV 값이 78.82만원으로 양(+)의 값이 나오므로 이 투자안은 채택해도 좋겠다. 즉 사업에 투자해도 손해가 발생되지 않는다고 볼 수 있다.

위에서는 단일 투자안의 NPV 값을 산출하는 것이었는데, 만약 여러 가지 투자안이 있다면 어떻게 할 것인가? 그러한 경우에는 각 투자안의 NPV 값을 산출해서 판단하면 된다. 만약 우리에게 투자할 수 있는 재원이 무한하다면 NPV 값이 (+)인 투자안에 대해서 전부 투자하면 될 것이다. 하지만 대부분의 경우 투자재원에는 한계가 있으므로 투자자는 보다 우수한 투자안에 투자하려는 경향이 있다. 따라서 NPV 값이 (+)인 타당한 복수의 투자안이 있는 경우에는 NPV 값이 가장 큰 투자안을 채택하면 되는 것이다.

그러면 위의 사례를 재무계산기를 사용해서 계산해 보도록 하자.

우선 위의 예시의 현금흐름을 간략하게 정리하면 다음과 같이 된다.

CF0 : −1,000(만원, 이하 단위 생략)

C01 : 500, C02 : 400, C03 : 300, C04 : 100, I=10%

이것을 계산기에 입력해보자.

[CF] [2ND] + [CE|C] [CLR WORK] → 워크시트 초기화

화면에 CF0=0.000 표시 확인 후 1,000 [+|−] [ENTER]

[↓] 누른 뒤 화면에 C01=0.000 표시 확인 후 500 [ENTER]

[↓] 누른 뒤 화면에 F01=1.000 표시 확인 후 [ENTER]

[↓] C02=0.000 확인 후 400 [ENTER]

[↓] F02=1.000 표시 확인 후 [ENTER]

[↓] C03=0.000 확인 후 300 [ENTER]

[↓] F03=1.000 표시 확인 후 [ENTER]

[↓] C04=0.000 확인 후 100 [ENTER]

[↓] F04=1.000 표시 확인 후 [ENTER]

[NPV] 누른 뒤 화면에 I=0.000 확인 후 10 [ENTER]

[↓] 누른 뒤 화면에 NPV=0.000 확인 후 [CPT]

☞ **78.820**

위 계산에서 CF0은 최초 투자금액을 의미하는 것으로 해당되는 금액을 입력하면 되는데, 이 때 투자금은 현금유출이므로 음(−)의 값으로 입력하는 것을 잊어서는 안 된다. 이 값이 잘못 입력되면 계산이 불가하다.

C01, C02, C03...의 값은 매 주기에 발생되는 현금흐름의 값을 입력하면 된다. 보통 양(+)의 값이 입력되는 경우가 많지만, 경우에 따라 음(−)의 값이 입력될 수도 있다.

C01을 입력하고 나면, F01=1.000의 화면이 표시되는데, 이 화면의 의미는 동일한 현금흐름이 몇 번 반복되는지 입력하라는 것이다. 위 사례에서는 C01 : 500, C02 : 400, C03 : 300, C04 : 100으로 매 기의 현금흐름의 값이 달라서 F01, F02, F03, F04의 값을 모두 기본 값인 1로 입력하면 된다.

그런데 만약 CF0 : −1,000, C01 : 500, C02 : 500과 같이 첫 번째와 두 번째의 현금흐름이 모두 (+)500만원으로 예상된다고 하면, 다음과 같이 입력하여야 한다.

CF0=0.000 표시 확인 후 1,000 [+|−] [ENTER]

[↓] 누른 뒤 화면에 C01=0.000 표시 확인 후 500 [ENTER]

[↓] 누른 뒤 화면에 F01=1.000 표시 확인 후 **'2'** [ENTER]

물론 이 과정을 다음과 같이 입력하여도 계산에는 문제가 없다.

CF0=1,000 [+|−] [ENTER]

[↓] C01=0.000 표시 확인 후 500 [ENTER]

[↓] F01=1.000 표시 확인 후 [ENTER]

[↓] C02=0.000 표시 확인 후 500 [ENTER]

[↓] F02=1.000 표시 확인 후 [ENTER]

하지만 만약 여러 주기의 현금흐름을 반영하여 NPV를 구하는 경우, 이 중 동일한 값의 현금흐름이 17회 반복된다고 가정하면 이런 경우에는 일일이 17번 입력하는 것보다 F 값을 17로 입력하는 것이 훨씬 간편할 것이다.

5.3 내부수익률(IRR)

NPV는 현재와 미래에 발생될 현금흐름을 적정한 요구수익률로 할인을 해서 현재가치를 구한 뒤 이 값을 더해 결과 값이 양의 값인지, 음의 값인지를 따져 투자 여부 등의 의사결정 기준으로 삼는 지표라고 설명했다.

이번 단원에서 설명할 내부수익률 IRR은 Internal Rate of Return의 약자로서 NPV와 마찬가지로 불규칙한 현금흐름을 분석할 때 매우 유용한 개념이다. IRR은 "미래 현금흐름의 현재가치와 현재의 현금유출의 가치가 같아지도록 하는 수익률"이라고 정의할 수 있다. 기업 경영에 있어서 자금을 조달하는데 소요되는 조달비용과 사업의 투자수익률을 비교하였을 때, 조달비용보다 투자수익이 높게 나타나면 합리적인 투자라고 판단할 수 있다. 이러한 판단을 위한 최소한의 수익률을 찾아내는 것이 내부수익률의 개념이다.

내부수익률은 NPV 값이 0이 되는 수익률을 찾는 것이라고 할 수 있는데, 다음의 식을 만족시키는 r값을 찾는 것이다.

$$NPV = \sum_{t=1}^{n} \frac{C_t}{(1+r)^t} - C_0 = 0$$

이 수익률을 찾기 위해서는 '시행착오법'을 사용하게 된다. 시행착오법은 우연적인 시행과 착오의 반복을 통해 새로운 사실에 대한 학습이 가능하다는 원리로서 위의 식을 충족시키는 값을 찾기 위해서는 한 번에 딱 떨어지는 값을 찾는 것은 불가능하고, 계속 계산을 반복하며 근사치를 구해야 한다. 즉 적당하다고 보이는 유사 값을 대입해서 가장 가깝게 나타나는 값을 찾아가야 하는 과정을 거쳐야 한다. 하지만 재무계산기 또는 엑셀 등의 프로그램을 활용하면 우리는 쉽게 IRR값을 구할 수 있고, 이를 이용해서 재무와 관련된 의사결정을 할 수 있다.

NPV는 그 값을 계산했을 때 양(+)의 값이 나오면 투자안을 채택하고, 음(−)의 값이 나오면 투자안을 기각하는 의사결정을 하면 된다고 한 바 있다. 그렇다면 계산된 IRR 값은 의사결정에 어떻게 반영하면 될 것인가?

IRR > 요구수익률 → 투자안 채택
IRR < 요구수익률 → 투자안 기각

계산된 IRR 값이 투자자가 요구하는 수익률, 즉 요구수익률보다 크면 투자를 진행하고, 적으면 투자를 기각하면 된다. 예를 들어 요구수익률이 5%라면 이 투자자는 해당 투자를 시행하면서 최소한 5% 이상의 수익률이 충족되기를 희망한다는 이야기이다. 따라서 도출된 IRR 값이 4%라면 이 조건을 충족시킬 수 없으므로 투자를 기각하고, IRR이 6%로 나타났다면 요구수익률보다 높은 값이므로 투자안을 채택하면 되는 것이다. NPV의 경우와 마찬가지로 우리의 투자재원에 제약이 없이 무한하다면 IRR 값이 요구수익률보다 크게 나오는 투자안에 모두 투자를 해도 무방하겠다. 하지만 투자재원에는 한계가 있으므로 여러 투자안이 있는 경우에는 그 중 IRR 값이 가장 큰 투자안을 선택하면 되겠다.

앞의 사례를 재무계산기를 이용해서 확인해 보도록 하겠다.

[CF] [2ND] + [CE|C] [CLR WORK], CF0=1,000 [+|−] [ENTER]

[↓] C01=500 [ENTER], [↓] F01=1,000 [ENTER]

[↓] C02=400 [ENTER], [↓] F02=1,000 [ENTER]

[↓] C03=300 [ENTER], [↓] F03=1,000 [ENTER]

[↓] C04=100 [ENTER], [↓] F04=1,000 [ENTER]

여기까지는 NPV를 구하는 입력과 동일하다.

[IRR] IRR=0.000 확인 후 [CPT] ☞ **IRR= 14.489**

요구수익률 10%<IRR 14.5% : 투자안 채택

5.4 NPV와 IRR을 활용하여 현금흐름 계산하기

앞에서 학습한 NPV와 IRR을 활용하여 불규칙한 현금흐름을 계산하는 것을 'Cash Flow'방식이라고 한다. [CF] 버튼은 Cash Flow의 약자이며, 계산기 화면에 표시되는 CF0, C01, C02 등도 마찬가지로 순차적으로 발생되는 Cash Flow를 의미하는 것이다.

[Tip] 타임라인을 그리는 습관을 갖자.

이렇게 현금흐름이 일정하지 않은 문제를 풀 때는 타임라인을 그리는 습관을 가지면 좋다. 그 이유는 정액의 정기적인 현금흐름, 즉 PMT의 경우에는 기시급, 기말급 정도를 신경 써서 풀이하면 되지만 일정한 규칙이 존재하지 않는 현금흐름의 경우에는 그 순서와 시점 등을 정확하게 판단하지 않으면 문제해결이 불가능하기 때문이다. 현금흐름이 그다지 복잡하지 않은 경우에는 굳이 타임라인을 그리지 않아도 문제해결이 가능하지만 여러 기간에 걸쳐 나타나는 불규칙한 현금흐름의 가치를 평가하기 위해서는 타임라인을 그리는 것이 문제해결에 용이하다.

다음의 예제들을 통해 Cash Flow 방식으로 불규칙한 현금흐름을 계산하는 기본 과정을 익혀보도록 하자.

| 연습 1 | 철수는 투자은행으로부터 오늘 1,000천원을 입금하면 1년 후에 500천원, 그리고 2년 후에 700천원을 받을 수 있다는 제의를 받았다. 철수가 투자에 대하여 요구하는 수익률은 연 10%이다. 투자할 가치가 있는지 판단하시오.

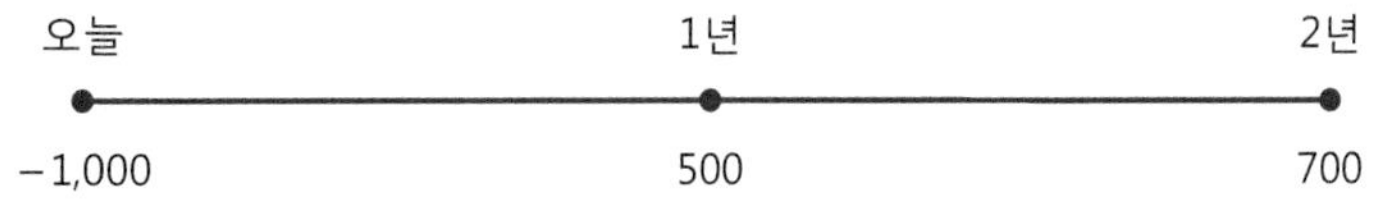

이 예제의 현금흐름은 매우 단순하다. 따라서 타임라인도 평이하게 그릴 수 있다. 하지만 앞으로의 복잡한 문제해결을 위해서 타임라인을 그리는 습관을 몸에 익히도록 하자.

계산기를 사용하여 위 현금흐름을 입력하고 NPV와 IRR을 구해보자.

[CF] [2ND] [CLR WORK]

CF0=1,000 [+|−] [ENTER]

[↓] C01=500 [ENTER], [↓] F01=1 [ENTER]

[↓] C02=700 [ENTER], [↓] F02=1 [ENTER]

[NPV] I=10 [ENTER]

[↓] [CPT] ☞ 33.058

[IRR] [CPT] ☞ IRR=12.321

계산 값을 가지고 철수의 투자여부를 따져보자. NPV 값은 (+) 값이므로 투자안 채택 가능, IRR 값은 요구수익률인 10% 보다 크므로 투자안 채택 가능이라고 판단할 수 있다.

만약 철수의 요구수익률이 15%라고 하면 어떤 결과가 나타날까?

위 계산 값을 그대로 둔 상태에서

[NPV] I=15 [ENTER]

[↓] [CPT] ☞ −35.917

NPV 값이 (−)로 나타나므로 투자안을 기각하는 것이 옳다. 한편 여기까지 계산을 한 상태에서 [IRR] [CPT] 버튼을 차례대로 눌러보도록 한다. IRR 값은 그대로 12.321로 표시되어 있을 것이다. 이것은 무엇을 의미하는가? IRR은 현금유입의 현재가치와 미래 현금유입의 현재가치의 합이 0이 되는 수익률이므로 현금흐름에 변화가 없이 요구수익률만 바뀌었으므로 값에 변화가 없는 것이다.

| 연습 2 | 종국은 자동차를 구입하려고 한다. 대리점 직원으로부터 다음과 같은 두 가지 제안을 받았다. 종국은 어떤 조건을 선택하는 것이 유리한가? 단, 적정할인율은 9%이다.

① 오늘 13,000천원 현금 지불 조건

② 오늘 3,000천원, 1년 후 5,500천원, 2년 후 5,500천원 지불조건

여러 투자안 중 가장 나은 투자안을 선택하는 것은 매우 자주 등장하는 문제이다. 이러한 문제를 해결할 때는 '비교하는 시점을 일치시키는 것'이 가장 중요하다. 위의 예시는 ①번 조건이 현재가치이고, ②번 조건은 현재와 미래의 불규칙한 현금흐름이 섞여 있는 상황이니 ②번 조건의 현재가치를 계산해서 ①번의 값과 비교하면 될 것이다.

CF0 = 3,000 [ENTER]

[↓] C01 = 5,500 [ENTER], [↓] F01 = 1 [ENTER]

[↓] C02 = 5,500 [ENTER], [↓] F02 = 1 [ENTER]

[NPV] I = 9 [ENTER] [↓] [CPT] ☞ 12,675.116

∴ 자동차 구입대금이 ①번 13,000천원보다 ②번이 더 저렴하므로 유리함

이 문제에서 유의할 점은 두 가지이다. 첫 번째, CF0 값을 입력할 때 [+|−]을 누르지 않아도 된다. 이 문제는 CF0, C01, C02 값이 모두 현금유출이다. 따라서 전부 (−)를 붙이거나 전부 생략해도 된다. 두 번째, C01의 값과 C02 값이 5,500천원으로 동일하다. 그러면 위와 같이 같은 값을 두 번 입력하지 않고, F01 값을 2로 입력하면 더 간단하게 계산할 수 있다.

CF0 = 3,000 [ENTER]

[↓] C01 = 5,500 [ENTER], [↓] F01 = 2 [ENTER]

[NPV] I = 9 [ENTER] [↓] [CPT] ☞ 12,675.116

| 연습 3 | 이서경 씨는 빌딩 투자를 검토 중이다. 이 빌딩은 1,000,000천원의 투자금액이 필요하고, 임대수익은 1차 년도 말에 30,000천원, 2~4차 년도 말에 50,000천원, 5차년도 말에 60,000천원이 예상된다. 이 때 이 빌딩의 가치는 1,500,000천원이 될 것으로 예상된다. 이서경 씨의 요구수익률이 연 12%일 때 이 투자안은 타당한가?

오늘	1년	2년	3년	4년	5년
−1,000,000	30,000	50,000	50,000	50,000	60,000 1,500,000

예제의 타임라인을 그려보면 위와 같다. 이 그림을 기반으로 현금흐름을 계산기에 입력해 보자.

CF0＝1,000,000 [+|−] [ENTER]

[↓] C01＝30,000 [ENTER], [↓] F01＝1 [ENTER]

[↓] C02＝50,000 [ENTER], [↓] F02＝3 [ENTER]

[↓] C03＝1,560,000 [ENTER], [↓] F03＝1 [ENTER]

[NPV] I＝12 [ENTER] [↓] [CPT] ☞ NPV＝19,196,219

[IRR] [CPT] ☞ IRR＝12.456

∴ NPV가 (＋)이고, IRR 값이 요구수익률 연 12%보다 크므로 투자 채택

위 문제에서 유의할 점은 첫 번째, 2~4차 년도에 세 번 반복되는 현금흐름인 50,000천원을 F02 값에 3을 입력하여 단순화시키기. 두 번째, 마지막 5차 년도 말에 빌딩 평가금액을 포함하여 계산할 것 등이다. 매각한다고 언급되어 있지 않아도 포함해서 계산해야 정확한 투자가치를 평가할 수 있다.

불규칙한 현금흐름의 재무계산기 사용은 입력 방법이 TVM 계산 5요소와 달라서 처음에는 상당히 어색할 수 있으므로 반복 연습을 하는 것이 중요하다. 다음에 제시된 연습문제를 통해서 재무계산기 입력이 익숙해질 때까지 연습하기 바란다.

연습문제 *Exercise*

※ 다음 문제들을 재무계산기를 사용하여 풀이하시오.

문 1 오늘 100천원, 1년 후 200천원, 2년 후 300천원, 3년 후 400천원을 은행에 예금하면 4년 후에 받을 수 있는 금액은 얼마인가? 이 예금에 적용되는 이자율은 연 10%이다.

문 2 김미성 씨는 상장법인인 (주)서경에 1,000,000천원을 투자했을 때 아래와 같이 세후 배당을 받을 수 있다는 제안을 받았다. 김미성 씨의 요구수익률이 연 6%일 경우 이 투자 제안을 수용하는 것이 좋겠는지 판단하시오.

기간	세후 배당금
1차 년도 말	50,000천원
2차 년도 말	55,000천원
3차 년도 말	55,000천원
4차 년도 말	55,000천원
5차 년도 말	1,060,000천원 (주식 평가금액 1,000,000천원포함)

문 3 서중수 씨는 A와 B 두 가지 사업 안을 놓고 비교하고 있다. 각 사업 안에 따른 예상 현금흐름은 다음과 같다. 자본조달금리가 연 8%일 경우 어떤 안이 적절한가?

기간	A 사업안	B 사업안
사업개시	500,000천원 유출	200,000천원 유출
1차 년도 말	200,000천원 유입	100,000천원 유입
2차 년도 말	300,000천원 유입	100,000천원 유입
3차 년도 말	100,000천원 유입	50,000천원 유입

문 4 세후 투자수익률이 연 7% 연복리인 상품에 매년 말 10,000천원, 20,000천원, 30,000천원, 40,000천원을 각각 투자하였을 경우 4년 말 시점의 잔액은 얼마인가?

문 5 김철현 씨는 다음 세 가지 투자안에 대해서 고민하고 있다. 투자에 필요한 자금을 연 7%로 대출받아 조달할 수 있다면 어떤 투자안을 선택하는 것이 적절한가?

구분	A 안	B 안	C 안
초기 투자비용	−130,000천원	−180,000천원	−360,000천원
1차 년도 말 수입	60,000천원	110,000천원	120,000천원
2차 년도 말 수입	60,000천원	110,000천원	110,000천원
3차 년도 말 수입	50,000천원		110,000천원
4차 년도 말 수입			100,000천원

문 6 이수정 씨는 배우자 사망 후 수령한 3억 원의 보험금을 확정형 연금방식으로 수령하고자 한다. 보험사에서 제시한 다음 세 가지 안 중 이수정 씨에게 가장 유리한 연금형태는 어떤 것인가? (단, 연금은 기말에 수령한다)

1) 지금부터 10년간 매년 39,000천원 연금 수령
2) 지금부터 20년간 매년 25,000천원 연금 수령
3) 지금부터 30년간 매년 22,000천원 연금 수령

문 7 정태석 씨의 요구수익률은 12%이다. 정태석 씨는 현재 100,000천원인 상가에 투자를 검토 중이다. 이 상가는 향후 3년 동안 5,000천원, 6,000천원, 6,800천원의 현금유입이 발생될 것으로 예상되며, 3년째 되는 해 말의 상가 가격은 118,000천원으로 예상된다. 정태석 씨는 이 상가에 투자하는 것이 현명할 것인지 판단하시오.

문 8 김영희 씨는 5년, 6년, 그리고 7년 후에 각각 100만원이 필요하다. 이를 위해 오늘 은행에 예금해야 하는 금액은 얼마인가? 적정 이자율(요구수익률)은 연 13%이다.

문 9 이지연 씨가 요구하는 복리수익률이 7.5%일 때, 투자에 대한 현금흐름이 다음과 같을 때 이 투자안의 현재가치는 얼마인가? (단위: 천원)

기말	유입	유출
1	120,000	
2		30,000
3		30,000
4		30,000
5		
6		
7	280,000	

문 10 정명석 씨는 재건축 대상 아파트를 400,000천원에 구입하였다. 재건축 부담 건축비 200,000천원은 4년에 걸쳐 분납하면 된다고 한다. 인가가 나면 이주비 100,000천원을 무이자로 받기로 하였고, 준공 때 상환하기로 했다. 준공 당시 아파트의 예상가격은 1,000,000천원이다. 요구수익률이 10%일 때 이 투자안의 타당성은?

날짜	내역	현금흐름
20 * 1.11.01	재건축 아파트 구입	400,000천원 유출
20 * 3.11.01 (인가)	1회분 건축비 납입 이주비 지원	50,000천원 유출 100,000천원 유입
20 * 4.11.01	2회분 건축비 납입	50,000천원 유출
20 * 5.11.01	3회분 건축비 납입	50,000천원 유출
20 * 6.11.01	4회분 건축비 납입	50,000천원 유출
20 * 8.11.01 (준공 및 입주)	이주비 상환 아파트 예상 평가액	100,000천원 유출 1,000,000천원

Chapter

06

금리와 조정수익률

6.1 이율 계산의 규칙

5장에서 이자율, 요구수익률, 기대수익률 등에 대해서 언급한 바 있다. 우리가 재무계산을 진행하다보면 굉장히 다양한 이자와 금리가 등장한다. 이러한 금리 개념에 대한 이해는 정확한 화폐의 시간가치 계산의 가장 기본이 된다고 할 수 있다. 이번 장에서는 여러 종류의 금리에 대한 이해와 이자계산주기가 상이한 경우의 이율변환, 재무계산을 매우 빠르게 진행할 수 있는 조정수익률 등에 대해서 학습하고자 한다.

우선 본 교재에서 화폐의 시간가치 산출과정에서 수행되는 이율 계산에는 다음과 같은 규칙을 적용하기로 정한다.

① 별도의 언급이 없는 한 이율은 항상 복리이며 연이율로 표시

- 월복리 6%=월복리 연이율 6%
  → 6%÷12=0.5%씩 매월 이자 부리
- 분기복리 6%=분기복리 연이율 6%
  → 6%÷4=1.5%씩 매분기 이자 부리

② 이자계산주기(반기, 분기, 월 등)에 대한 언급이 없으면 연복리

- 연이율 6%=연복리 연이율 6%
- 연 5% 수익률=연복리 연이율 5%

③ 제시된 이율과 이자계산주기가 다른 경우에는 제시 이율은 이자계산주기에 맞추어 전환해야 됨

- 매월 저축 예정인데, 가입 희망 상품은 연복리 적용 상품
  → 저축주기 : 월, 이자계산주기 : 년
  연복리를 월복리로 변환해야 됨

6.2 명목금리와 실질금리

우선 명목금리와 실질금리의 정의를 살펴보면, 다음과 같다.

• 명목금리 또는 명목이율 : Normal Interest Rate
  – 외부로 표현되는 이율, 산술적 개념
  – 물가상승률을 반영하지 않은 이율

• 실질금리 또는 실질이율 : Real Interest Rate
  – 물가상승률을 반영한 이율
  – 실질금리 = 명목금리 – 물가상승률

만약 은행에서 제시하는 예금 금리가 연 3%, 물가상승률이 연 1.2%라고 가정하면 이 때 명목금리는 연 3%, 실질금리 = 3.0% – 1.2% = 1.8%라고 할 수 있다.

이것을 풀어서 해석해보자. 우리가 1장에서 학습했듯이 화폐는 시간의 경과에 따라 다른 가치를 가지게 된다. 가치가 달라지는 가장 큰 요인 중 하나가 물가가 오르기 때문인데, 은행 등 금융기관에서 제시하는 금리를 그대로 이해할 것이 아니라 물가와 함께 연동해서 생각해 주어야 실질적인 TVM을 이해할 수 있다는 것이다. 위 예시대로 내가 1년 전에 은행에서 10,000천원을 연 3.0%가 적용되는 예금에 가입해서 1년 뒤 10,300천원을 받았다고 가정하자. (소득세 등 제반비용은 고려하지 않는다.) 내 돈이 이자인 300천원만큼 불어났지만, 그 동안 물가가 1.2%만큼 올랐기 때문에 실질적인 돈의 가치는 300천원이 불어난 것이 아니라 180천원 불어난 것으로 봐야 적절하다는 것이다.

그림 6-1 은행의 명목금리 예시 (신한은행, 2024년 7월 기준)

최저 연 3.35%
최고 연 **3.35%**
(12개월 세전)

인터넷 | 모바일

쏠편한 정기예금

1개월~60개월 이내에서 만기일을 자유롭게 설계하고, 만기일 연장서비스를 통해 여유롭게 관리할 수 있는 정기예금

최저 연 2.90%
최고 연 **2.90%**
(12개월 세전)

인터넷 | 영업점

신한 S드림(DREAM)정기예금

다양한 기간설정,이자지급방법 및 재예치 설정기능 등으로 고객님 자금운용계획에 맞추어 운용할수 있는 맞춤형정기예금입니다.

위 그림에서 볼 수 있듯이 신한은행에서 정기예금 상품에 적용하고 있는 '최고 연 3.35%', '최고 연 2.90%' 등이 명목금리에 해당된다. 그런데 같은 시기 통계청이 발표한 소비자물가는 전년 대비 2.6% 상승한 것으로 나타났다.

그림 6-2 통계청에서 공표하는 소비자물가 예시 (통계청, 2024년 7월 기준)

만약 어떤 금융소비자가 2024년 7월에 신한은행에 가서 최고 연 3.35% 금리가 적용되는 '쏠편한 정기예금'을 가입했다고 가정하고, 그 뒤로 1년 동안 물가상승률이 현재 수준인 연 2.6%로 유지되었다고 하면 이 사람의 실질금리는 은행이 제시하는 최고 금리를 모두 적용받았다고 해도 0.75%에 불과하게 된다. 그렇다면 만약 위에 예시된

'S드림 정기예금'을 가입했다고 가정해 보자. 이 상품의 명목금리는 '최고 연 2.90%'이다. 그러면 물가상승률을 반영해서 실질금리는 계산하면 0.3%가 된다. 즉 이자가 불어난 만큼 물가도 올랐기 때문에 화폐의 시간가치는 1년 전과 거의 같다고 볼 수 있다. 여기에 이자에 부과하는 15.4%의 이자 소득세 등을 감안하면 사실상 실질금리는 0%에 가깝다고 볼 수 있다.

이렇게 낮은 금리 기조가 유지되고, 은행 예금금리가 물가상승률보다 낮은 상황이 계속된다면, 돈은 은행에서 안전하게 보관되고 있지만 돈의 가치(구매력)는 지속적으로 하락되고 있음을 알 수 있다. 따라서 우리는 이러한 금리와 화폐의 시간가치에 대해서 보다 깊은 이해를 하고, 정확한 계산을 통해 재무계획을 수립하여야 개인 가계나 기업에서 예상치 못하게 자금이 부족해서 곤란을 겪는 일을 사전에 예방할 수 있을 것이다.

6.3 연평균금리와 실효금리

- 연평균금리 : APR: Annual Percentage Rate
  - 금융기관이 금융상품의 이자율 고시할 때 사용
  - 일반적으로 복리가 아님

- 실효금리 : Effective Annual Rate
  - 1년에 n번만큼 복리 이자 부리 시 구할 수 있는 금리

우리는 1장에서 단리와 복리를 구분해서 학습하였고, 복리의 경우 이자계산주기에 따라 연복리(1년에 1번 이자계산), 반기복리(1년에 2번 이자계산), 분기복리(1년에 4번 이자계산), 월복리(1년에 12번 이자계산), 주복리(1년에 52번 이자계산), 일복리(1년에 365번 이자계산) 등으로 구분할 수 있다는 것을 배웠다. 이것을 앞에서 학습한 TVM의 계산요소를 이용해서 계산해 보면 다음 표와 같이 나타낼 수 있다.

표 6-1 이자 계산 주기에 따른 가치 변화와 실효이자율 예시(연이율 6%)

이자 지급횟수	1년 뒤 가치	비고
1	−100 PV, 6 i, 1 N, FV? 106.00	연복리
2	−100 PV, 6/2 i, 2 N, FV? 106.09	반기복리
4	−100 PV, 6/4 i, 4 N, FV? 106.14	분기복리
12	−100 PV, 6/12 i, 12 N, FV? 106.17	월복리
52	−100 PV, 6/52 i, 52 N, FV? 106.18	주복리
365	−100 PV, 6/365 i, 365 N, FV? 106.18	일복리

1장에서도 간단하게 설명한 바 있지만 이자계산주기가 짧을수록 같은 이율이라고 해도 받을 수 있는 이자의 총액이 더 커진다. 즉 같은 연 6%가 적용된다고 해도 연복리보다는 반기복리가, 반기복리보다는 분기복리가 FV 값이 더 커지는 것을 확인할 수 있다. 위 표에서 PV에 대입한 −100은 임의의 숫자이다. 우리는 재무계산을 하지 않고도 연복리 6%가 적용되는 경우 최초 투입된 100의 자금은 1년 뒤 106이 될 것이라는 것을 알 수 있다. 월복리의 경우에는 최초 투입금액 100을 그대로 두고, 이자율(I)을 6÷12=0.5%를 대입하면 된다. I 값을 6% 그대로 입력하지 말고 이자 지급 주기로 나누어 변환해서 대입하면 다음과 같다.

−100 **PV**, 12 **N**, 6÷12= **I**, **CPT** **FV** 106.17

따라서 이 경우의 실효이자율은 106.17−100=6.17%라고 볼 수 있다. 이 실효이자율 6.17%가 가지는 의미는 월복리 연이율 6%는 연복리 6.17%와 동일하다는 것이다. 즉 1년에 12번 이자계산을 하는 월복리가 1년에 1번 이자계산을 하는 연복리보다 이자계산주기가 짧기 때문에 같은 6%를 적용해도 실효이자율은 더 커진다는 것이다.

❙ 연습 1 ❙ 연 12%의 이자율로 이자가 연 4회 지급되면 실효이자율은 얼마인가?

연 4회 이자 지급이 되는 것은 분기복리에 해당된다. 따라서 위 문제를 푸는 경우에는 다음과 같이 재무계산기를 조작하면 된다.

−100 **PV** , 4 **N** , 12÷4= **I** , CPT **FV** =112.55

∴ 실효이자율=12.55%

❙연습 2❙ 연 12%의 이자율로 이자가 연12회 지급되면 실효이자율은?

−100 **PV** , 12 **N** , 12÷12= **I** , CPT **FV** =112.68

∴ 실효이자율=12.68%

❙연습 3❙ 영준 씨는 K은행에서 10,000천원을 투자할 상품으로 연복리 6% 상품과 월복리 5.9% 상품을 동시에 제안 받았다. 영준 씨가 5년간 투자 시 더 우수한 제안은 어떤 것인가?

① 연복리 6% 상품

−10,000 **PV** , 5 **N** , 6 **I** , CPT **FV** =13,382.256

② 월복리 5.9% 상품

10,000 **PV** , 60 **N** , 5.9÷12= **I** , CPT **FV** =13,421.558

숫자상으로 표시된 금리는 연복리 6.0%가 월복리 5.9%보다 크지만 이자계산주기가 짧은 월복리 5.9%의 FV 값이 더 큰 것을 알 수 있다. 그러면 월복리 5.9%의 실효금리를 계산해보자.

−100 **PV** , 12 **N** , 5.9÷12= **I** , CPT **FV** =106.06

∴ 실효이자율=6.06%

즉 연복리 6.0%의 실효이자율은 6.0%이고, 월복리 5.9%의 실효이자율은 6.06%이다. 따라서 표시된 금리는 월복리 5.9%가 더 적지만 연복리 6.0%보다 더 큰 이자가 계산되는 것이다.

6.4 이율변환

몇 차례 언급되었지만 연복리, 반기복리, 월복리 등은 이자계산주기에 따른 구분이다. 연복리는 1년 단위로 이자계산이 이루어진다는 의미이고, 월복리는 1개월 단위로 이자계산이 이루어진다는 의미이다.

| 연습 4 | 10,000원을 연 10%의 이자로 1년 예금하는 경우 연 2회 이자를 정산한다면 1년 후 받을 수 있는 금액은 얼마인가?

→ 이 경우는 연 2회 이자 정산이니 반기복리에 해당된다. 연 10%인데, 연 2회 이자를 계산(정산)한다고 하면 재무계산기로 계산할 때 N 값과 I 값을 어떻게 입력하면 될까? 앞에서 주로 연복리 계산을 학습하다 보니 반기나 분기, 월, 주, 일복리 계산이 당황스럽게 느껴질 수 있을 것이다. 하지만 기간(N)과 이자율(I) 값을 정확하게 입력하면 어려울 것이 없다. 1년간의 예금인데 연 2회 이자 정산을 한다고 하니 N 값은 2를 적용하면 된다. I 값은 연 10%를 2로 나누어 입력하면 된다.

−10,000 **PV** , 2 **N** , 10÷2= **I/Y** , **CPT** **FV** 11,025.000

| 연습 5 | 연 12%의 이자율로 이자가 연4회 지급되는 상품에 1,000천원을 3년 동안 투자하면 3년 후 받는 금액은 얼마인가?

→ 이 경우는 연 4회 이자지급이니 분기복리. 단 N 값을 유의해야 되는데 3년 뒤에 찾게 되므로 3년×4분기=12를 입력하면 된다. I값은 12%÷4를 입력.

−1,000 **PV** , 3×4= **N** , 12÷4= **I/Y** , **CPT** **FV** 1,425.76

위의 두 가지 사례에서는 연이율을 이자계산주기에 맞게 나누어서 대입하면 계산을 할 수 있었다. 그런데 앞에서 설명한 이율 계산의 규칙 ③번에서 “제시된 이율과 이자계산주기가 다른 경우에는 제시 이율은 이자계산주기에 맞추어 전환해야 됨”이라고 했는데, 이것은 어떤 의미인지 다음의 사례들을 보자.

| 연습 6 | 매월 초 300천원을 3년간 월복리 연이율 5%가 적용되는 상품에 가입한 경우 3년 뒤에 찾을 수 있는 금액은 얼마인가?

→ 위 사례의 저축주기(이자계산주기)와 이율 구간이 모두 '월'이므로 해당 이율을 바로 적용하면 된다.

−300 **PMT** , 3×12= **N** , 5÷12 **I/Y** **CPT** **FV** =11,674.44

| 연습 7 | 매월 초 300천원을 3년간 연복리 5%가 적용되는 상품에 가입한 경우 3년 뒤에 찾을 수 있는 금액은 얼마인가?

→ 이 문제는 [연습 6]과 동일한 문제로 착각하기 쉽지만, 저축주기(이자계산주기=매월 초)는 '월'이고 제시된 이율 구간(연복리 5%)은 '년'으로 서로 일치하지 않는다. 따라서 이런 경우에는 저축주기에 맞춰 연복리를 월복리로 전환해줘야 한다.

이율변환을 하는 방법은 다음과 같다. 우리는 임의의 숫자 −100을 PV에 입력할 경우 연복리 5%가 적용 시 1년 뒤 FV 값이 얼마가 될지 예측할 수 있다. FV 값은 105가 될 것이다. 이 때 N 값을 월복리에 해당되는 12를 입력하고 해당되는 이자율(I)을 구하면 되는 것이다.

−100 **PV** , 105 **FV** , 12 **N** , **CPT** **I/Y** 0.407

2ND [BGN] **2ND** [SET] **2ND** [QUIT]

−300 **PMT** , 3×12= **N** , 0.407 **I/Y** **CPT** **FV** =11,653.17

다음을 통해서 이율변환을 연습해 보자.

① 연복리 → 월복리 : 연복리 5%를 월복리로

−100 **PV** , 105 **FV** , 12 **N** , **CPT** **I/Y** 0.407 × 12=4.88%

② 월복리 → 연복리 : 월복리 5%를 연복리로

−100 **PV** , 12 **N** , 5 ÷12 = **I/Y** **CPT** **FV** 105.12

∴ 105.12 − 100=5.12%

③ 연복리 → 분기복리 : 연복리 5%를 분기복리로

−100 **PV** , 105 **FV** , 4 **N** , **CPT** **I/Y** 1.227 × 4=4.91%

④ 분기복리 → 연복리 : 분기복리 5%를 연복리로

−100 **PV** , 4 **N** , 5÷4 = **I/Y** **CPT** **FV** 105.09

∴ 105.09 − 100=5.09%

⑤ 연복리 → 반기복리 : 연복리 5%를 반기복리로

−100 **PV** , 105 **FV** , 2 **N** , **CPT** **I/Y** 2.469 × 2=4.94%

⑥ 반기복리 → 연복리 : 반기복리 5%를 연복리로

−100 **PV** , 2 **N** , 5÷2 = **I/Y** **CPT** **FV** 105.06

∴ 105.06 − 100=5.06%

⑦ 분기복리 → 월복리 : 분기복리 5%를 월복리로

−100 **PV** , 4 **N** , 5÷4 = **I/Y** **CPT** **FV** 105.09

12 **N** **CPT** **I/Y** 0.415 × 12=4.98%

⑧ 월복리 → 분기복리 : 월복리 5%를 분기복리로

−100 **PV** , 12 **N** , 5÷12 = **I/Y** **CPT** **FV** 105.12

4 **N** **CPT** **I/Y** 1.255 × 4=5.02%

▍연습 8▍ 김선희 씨는 매월 말 300천원을 3년간 저축하려고 한다. 김선희 씨가 3년 뒤에 찾을 수 있는 금액은 얼마인가? 단 이자율은 연복리 6%이다.

☞ 이율변환 : −100 **PV** , 106 **FV** , 12 **N** , **CPT** **I/Y** 0.487

[END Mode] −300 **PMT** , 3×12= **N** , 0.487 **I/Y** **CPT** **FV**

= 11,773.34

6.5 조정수익률(K)

조정수익률(K)에 대해서 본격적으로 학습하기에 앞서 물가상승률과 투자수익률의 관계에 대해서 정리해보자.

예를 들어 3년 뒤에 대학교 진학을 예정하고 있는 고등학교 1학년 자녀를 둔 이서경 씨가 있다고 가정하자. 현재 기준 대학교 입학금 및 첫 학기 등록금으로는 5,000천원이 필요하다. 그런데 대학교 교육비는 매년 2%씩 상승한다. 그러면 이서경 씨의 자녀가 대학교에 입학하게 되는 3년 뒤에 필요한 자금은 5,000천원이 아니라 5,000천원 $\times 1.02^3$이 필요하게 될 것이다. 이서경 씨는 3년 뒤에 등록금이 부족하지 않도록 사전에 준비하고자 한다. 이 때 이서경 씨가 투자하고자 하는 상품의 수익률은 연 5%이다. 그러면 이서경 씨가 오늘 이 투자 상품에 넣어두어야 할 자금은 얼마인가? 이 문제를 해결하는 과정을 그림으로 나타내면 다음과 같다.

그림 6-3 물가상승률과 투자수익률의 관계

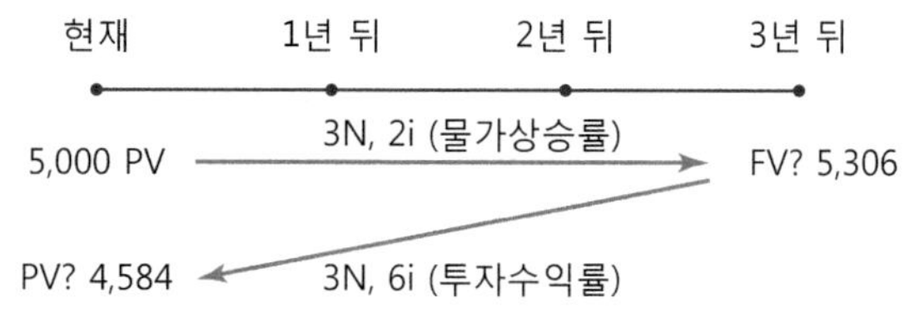

이 그림에서와 같이 현재 대학 등록금 5,000천원은 매년 2%씩 올라 3년 뒤에는 5,306천원이 될 것으로 예상된다. 이서경 씨가 3년 뒤에 이 자금을 마련하기 위해서는 연 5%의 수익률이 적용되는 투자 상품에 오늘 4,584천원을 넣어두면 된다.

정리하면 이렇게 일정 기간 뒤에 필요한 자금을 위한 투자금액을 계산하는 것은 2단계로 이루어진다.

1단계 : 일정기간(N) 뒤에 필요자금을 물가상승률(r)을 이용해서 계산

2단계 : 1단계에서 구한 자금을 투자수익률(i)로 할인해서 투자금액 계산

이러한 2단계의 계산 과정을 한 번에 계산할 수 있도록 하는 수익률이 조정수익률(K)이다.

앞에서 실질이율=명목이율−물가상승률 이라고 학습했다. 지금부터 학습할 조정수익률(K)은 실질이율과 비슷한 개념으로 이것을 수학적으로 공식화한 것이다. 조정수익률은 다음과 같이 계산된다.

$$K = [\frac{(1+i)}{(1+r)} - 1] \times 100$$

i =투자수익률, r =물가상승률, 증액률

위 식을 단순화 시키면 다음과 같다.

$$K = [\frac{(1+i)}{(1+r)} - 1] \times 100$$

$$= [\frac{(1+i)-(1+r)}{1+r}] \times 100$$

$$= \frac{100i - 100r}{1+r}$$

위 예시처럼 물가상승률이 2%, 투자수익률이 5%라면 K 값은 다음과 같이 계산된다.

$$K = \frac{100i - 100r}{1 + r} = \frac{5 - 2}{1.02} = \frac{3}{1.02} = \mathbf{2.94\%}$$

이렇게 계산된 조정수익률을 이용하면 위의 대학 등록금 마련을 위한 투자 금액 계산을 한 번의 계산으로 해결할 수 있다. 예시에서 알고자 하는 것은 현재가치로 5,000천원인 대학 등록금을 3년 뒤에 마련하려면 현재 얼마의 금액을 투자해야 되냐는 것이다. (물가상승률 연 2%, 투자수익률 연 5%)

이 계산은 재무계산기에 다음과 같이 입력하면 된다.

5,000 **FV** , 3 **N** , 3÷1.02= **I/Y** **CPT** **PV** −4,583.55

| 연습 9 | 김시현 씨는 5년 후 결혼을 계획하고 있다. 결혼자금은 현재가치로 40,000천원을 예상하고 있으며, 결혼자금의 물가상승률은 연 3%, 김시현 씨가 가입한 투자상품의 수익률은 연 5%이다. 김시현 씨가 결혼자금 마련을 위해 오늘 투자상품에 납입할 금액은 얼마인가?

풀이 1 2스텝 방식

−40,000 **PV** , 5 **N** , 3 **I/Y** **CPT** **FV** 46,370.96

46,370.96 **FV** , 5 **N** , 5 **I/Y** **CPT** **PV** −36,332.86

풀이 2 조정수익률 방식

40,000 **FV** , 5 **N** , (5−3)÷1.03= **I/Y** **CPT** **PV**

2번 과정에서 유의할 사항은 현재가치로 필요한 자금이 FV로 설정되어야하며, I 값에는 조정수익률(K) 입력, 원하는 값은 PV로 구해야 한다는 것이다. 조정수익률은 다음 장에서 다양한 예시와 함께 추가로 더 학습하기로 한다.

연습문제 *Exercise*

※ 다음 문제들을 재무계산기를 사용하여 풀이하시오.

문 1 다음 이율을 각각 계산하시오.

① 명목금리 4.0%, 물가상승률 1.7%인 경우 실질금리?

② 실질금리 1.5%, 물가상승률 1.7%인 경우 명목금리?

문 2 다음 실효이자율을 각각 계산하시오.

① 연 10%의 이자율로 이자가 연4회 지급

② 연 10%의 이자율로 이자가 연52회 지급

문 3 연 10%의 이자율로 이자가 연4회 지급되는 상품에 1,000천원을 4년 동안 투자하면 4년 후 받는 금액은 얼마인가?

문 4 다음 이율변환을 각각 계산하시오.

① 월복리 연이율 8% → 연복리

② 분기복리 연이율 8% → 연복리

③ 분기복리 연이율 8% → 월복리

문 5 연복리 7%를 다음의 이율로 각각 변환하시오.

① 반기복리

② 분기복리

③ 월복리

문 6 매월 말 500천원을 5년간 연복리 5%가 적용되는 상품에 가입한 경우 5년 뒤에 찾을 수 있는 금액은 얼마인가?

문 7 영준 씨는 K은행에서 10,000천원을 투자할 상품으로 다음 세가지 상품을 동시에 제안 받았다. 영준 씨가 5년간 투자 시 더 우수한 제안은 어떤 것인가?

① 연복리 5% 상품

② 월복리 4.8% 상품

③ 분기복리 4.9% 상품

문 8 다음 조정수익률을 계산하시오.

① 물가상승률 1.5%, 투자수익률 7.0%

② 물가상승률 2.5%, 투자수익률 2.0%

③ 증액률 10%, 투자수익률 7.0%

문 9 5년 뒤 현재가치로 45,000천원의 결혼자금을 준비하고자 할 때, 오늘 투자상품에 납입할 금액은 얼마인지 2스텝 방식과 조정수익률을 이용한 방식으로 각각 계산하시오. (물가상승률 : 연 2.5%, 투자수익률 : 연 4%)

문 10 10년 뒤 현재가치로 100,000천원의 사업자금을 준비하고자 할 때, 오늘 투자상품에 납입할 금액은 얼마인지 조정수익률을 이용해서 계산하시오.
(물가상승률 : 연 2.0%, 투자수익률 : 연 4.2%)

Chapter

07

목적자금의 계산

7.1 목적자금

우리는 한시도 돈 없이 살기 어렵다. 그 중에서도 살아가면서 큰돈이 드는 일들이 꽤 있다. 학교 등록금을 내고, 여행을 가고, 결혼을 하고, 집을 사고, 자녀를 낳고 키우고, 노후자금도 준비해야 될 것이다. 이렇게 살아가면서 제법 큰돈이 필요한 일들을 '재무목표'라고 한다. 간단하게 한 끼 식사를 하고, 커피 한잔을 마시는 정도의 돈은 따로 계획하지 않고도 마련할 수 있다. 하지만 앞에 언급한 재무목표들은 그 규모도 크고 미리 준비하지 않으면 자금이 필요할 때 돈이 부족해서 곤란을 겪을 수도 있다. 따라서 이러한 재무목표들은 필요한 시기와 금액을 잘 파악하고 미리 계획을 잘 세워놓는 것이 바람직하다.

우리가 학습하고 있는 TVM에 대한 이해도 이러한 재무계획들을 현명하게 잘 세우기 위함이다. 위에 언급한 비상예비자금, 결혼자금, 주택마련자금, 교육자금, 사업자금, 노후자금 등이 대표적인 목적자금이다. 목적자금이란 '특정한 사용 목적을 가지고 있는 자금'이라고 할 수 있다. 이번 7장에서는 결혼자금, 사업자금, 주택마련자금 등의 목적자금 계산의 주요한 특징들에 대해서 학습할 것이다. 교육자금과 노후자금에 대해서는 뒤에서 따로 자세히 설명할 것이다.

우선 이러한 목적자금을 계산하는 가장 대표적인 프로세스에 대해서 알아보도록 하겠다. 이 과정은 목적자금을 계산하는데 가장 기본이 되는 것이므로 잘 이해하도록 한다.

1. 현재가치 필요금액, 물가상승률, 투자수익률, 필요시점 확인

→ 2. 필요시점에 준비되어야 하는 금액 계산

→ 3. 이 자금을 마련하기 위해서 현재 투자할 금액 계산

→ 4. 현재 투자할 금액이 없거나 부족한 경우 저축할 금액 계산

| 연습 1 | 이서경 씨는 10년 후 아파트를 장만하려고 한다. 이 아파트는 현재물가기준으로 300,000천원이며, 매년 아파트 가격은 5%씩 인상될 것으로 예상된다. 이서경 씨는 이 아파트 구입을 위해 세후 투자수익률 연 7% 상품에 오늘 일시금으로 얼마를 투자하면 되는가?

① 재무목표 확인

현가 300,000천원 10년 후 필요, 물가상승률 연 5%, 투자수익률 연 7%

② 필요시점에 준비되어야 하는 금액 계산 → 물가상승률 적용

−300,000 **PV**, 10 **N**, 5 **I**, **CPT** **FV** 488,668.388

③ 현재 투자할 금액 계산 → 투자수익률 적용

488,668 **FV**, 10 **N**, 7 **I**, **CPT** **PV** −248,414.229

∴ 이서경 씨는 오늘 248,414천원을 7% 투자 통장에 넣어두면, 10년 뒤 현재가치기준 300,000천원에 해당되는 아파트를 구입할 수 있다.

위 과정을 조정수익률(K)를 이용해서 계산하면 훨씬 간편하다.

300,000 **FV**, 10 **N**, (7−5)÷1.05= **I**, **CPT** **PV**

그림 7-1 목적자금 계산 예시

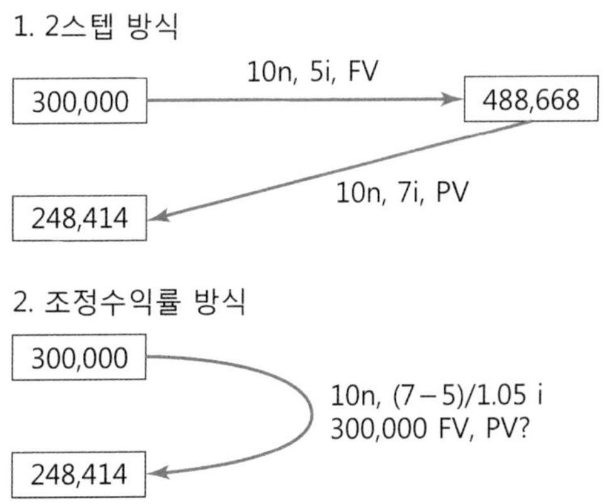

| 연습 2 | 이서경 씨가 4년 후 유학을 가는 자녀를 위하여 현재물가기준으로 30,000천원을 준비해 주려고 한다. 유학자금이 연 4%씩 인상될 것으로 예상될 때, 세후 투자수익률 연 7% 상품에 오늘 일시금으로 얼마를 투자하면 되는가?

풀이 1 2스텝 방식

−30,000 PV, 4 N, 4 I/Y CPT FV 35,095.757

35,095.757 FV, 4 N, 7 I/Y CPT PV −26,774.385

풀이 2 조정수익률 방식

30,000 FV, 4 N, (7−4) ÷ 1.04 = I/Y CPT PV

이러한 계산을 할 때 유의할 점은 조정수익률을 이용해서 1스텝으로 계산하는 방식이 익숙하지 않다면, 번거롭더라도 2스텝으로 계산하는 것이 오류를 줄일 수 있음을 명심해야 한다.

[Tip] 조정수익률 사용 시 PV와 FV의 의미

FV : 재무목표의 현재가치 금액

PV : 현재 나의 투자통장에 있으면 재무목표가 해결되는 금액

| 연습 3 | 김시현 씨는 5년 후 결혼을 계획하고 있다. 결혼자금은 현재가치로 50,000천원을 예상하고 있으며, 결혼자금의 물가상승률은 연 2%, 김시현 씨가 가입한 투자상품의 수익률은 연복리 4%이다. 김시현 씨가 결혼자금 마련을 위해 준비한 자금이 따로 없어서 매년 초 일정 금액을 저축하고자 한다. 김시현 씨는 얼마씩 저축을 하면 되겠는가?

우선 현재 투자할 자금이 얼마인지 계산해 보자.

풀이 1 2스텝 방식

−50,000 PV, 5 N, 2 I/Y CPT FV 55,204.040

55,204.040 FV, 5 N, 4 I/Y CPT PV −45,373.697

풀이 2 조정수익률 방식

50,000 **FV** , 5 **N** , (4−2)÷1.02= **I/Y** **CPT** **PV**

즉 45,373.697천원의 자금을 연복리 4% 통장에 입금하면 5년 뒤 결혼자금이 해결되지만, 김시현 씨는 현재 목돈이 없어서 매년 초 일정금액을 저축하고 싶어 한다. 저축액은 다음과 같이 계산하면 된다.

☞ 기시급 모드 : BGN

2ND [BGN] **2ND** [SET] **2ND** [QUIT]

2ND [CLR TVM]

−45,373.697 **PV** , 5 **N** , 4 **I/Y** **CPT** **PMT** 9,800.156

∴ 매년 초 9,800.156천원을 5년간 저축하면 결혼자금을 마련할 수 있다.

앞의 사례와 같이 미래에 필요한 재무목표를 이루기 위해 현재 내가 투자하여야하는 금액을 계산하고, 이를 기준으로 저축 및 투자금액을 계산하는 방법을 '현재가치법'이라고 한다. 반대로 미래 시점을 기준으로 계산하는 방법을 '미래가치법'이라고 하는데, 위 문제를 '미래가치법'으로 해결하면 다음과 같다.

[미래가치법]

−50,000 **PV** , 5 **N** , 2 **I/Y** **CPT** **FV** 55,204.040

2ND [BGN] **2ND** [SET] **2ND** [QUIT]

2ND [CLR TVM]

55,204.040 **FV** , 5 **N** , 4 **I/Y** **CPT** **PMT** −9,800.156

즉 '현재가치법'이나 '미래가치법' 모두 같은 PMT 값을 나타낸다. 따라서 화폐의 시간가치의 원리를 잘 이해하고 있으면 두 가지 방법 중 편한 방법으로 계산하면 된다. 하지만 익숙하지 않은 상태에서는 혼선이 있을 수 있으므로 본 교재에서는 '현재가치법'을 중심으로 문제를 해결하도록 한다.

7.2 증액저축의 이해

바로 앞의 [연습 3]은 재무목표 해결을 위해서 현재 시점에 투자통장에 넣어 두어야 할 금액이 얼마인지 구하고, 이를 위한 목돈이 준비되어 있지 못하므로 앞으로 일정 기간 동안 동일한 금액을 저축하기로 하고 그 저축금액을 계산하는 문제였다. 그런데 모든 이들이 항상 정액의 정기적인 저축방법만 선택하지는 않을 것이다. 실제로 고객 상담을 진행하면, 저축(또는 투자) 초기에는 적은 금액으로 시작하고 이 금액을 점진적으로 증가시켜가는 방법을 선호하는 고객이 적지 않다. 특히 신입사원이나 신혼부부의 경우 수입은 적고, 지출할 것은 많으므로 앞으로 수입이 늘어날 것을 예상하여 적은 금액으로 저축을 시작한 후 그 금액을 올려가기를 희망하는 경우들이 많다. 이 때 사용하는 개념이 '증액저축'이다. 증액저축은 말 그대로 저축액을 일정률로 늘여나가는 것을 의미한다. 예를 들어 처음엔 100천원으로 시작하여 매년 5%씩 늘여나가는 것이다. 이러한 증액저축을 계산할 때에도 조정수익률(K)이 매우 유용하게 사용된다.

$$K = [\frac{(1+i)}{(1+r)} - 1] \times 100$$

i = 투자수익률, r = 물가상승률, 증액률

조정수익률의 계산식을 다시 살펴보면 r 값이 물가상승률 또는 증액률이라고 표현되어 있는 것을 알 수 있다. 따라서 증액하려는 비율을 r에 입력하고 조정수익률을 산출하면 된다.

| 연습 4 | 김시현 씨는 5년 후 결혼을 계획하고 있다. 결혼자금은 현재가치로 50,000천원을 예상하고 있으며, 결혼자금의 물가상승률은 연 2%, 김시현 씨가 가입한 투자상품의 수익률은 연복리 4%이다. 김시현 씨가 결혼자금 마련을 위해 준비한 자금이 따로 없어서 앞으로 5년 동안 오늘을 시작으로 매년 10%씩 증액해서 저축하고자 한다. 김시현 씨의 최초 저축액은 얼마인가?

앞의 [연습 3]과 다른 전제 조건은 동일하고, 저축방식만 정액저축에서 10% 증액저축으로 바뀐 경우이다. 현재가치법을 이용해서 계산할 때 현재 시점에서 어느 정도의 자금이 필요한지를 계산하는 과정까지는 동일하다.

50,000 **FV** , 5 **N** , (4−2)÷1.02= **I/Y** **CPT** **PV**

이렇게 산출된 PV 값을 이용해서 PMT(B)값을 구해야 되는데 매년 10%씩 증액하는 것을 어떻게 반영해야 되는지가 고민스럽다. 증액저축의 경우 조정수익률을 이용할 수 있다고 했는데, 이때의 조정수익률(k_2)은 앞 단계의 조정수익률(k_1=(4−2)÷1.02)과 다른 값이다. 즉 k_2 값은 증액률 10%를 반영하여 산출하며 이 k_2(=(4−10)÷1.10) 값을 이용하여 다음과 같이 계산한다.

[BGN] −45,373.697 **PV** , 5 **N** , (4−10)÷1.10= **I/Y**

CPT **PMT** 8,086.305

여기서 PMT 값의 의미는 '김시현 씨는 첫해 초 8,086.305천원을 시작으로 매 년 10%씩 저축액을 증액하면 5년 뒤 원하는 결혼자금을 마련할 수 있다.'는 것이다. 이 계산이 맞는지 검증 해보자.

[BGN] 8,086.305 **PMT** , 5 **N** , (4−10)÷1.10= **I/Y** **CPT** **PV**

−45,373.697 **PV** , 5 **N** , 4 **I/Y** **CPT** **FV** 55,204.040

55,204.040 **FV** , 5 **N** , 2 **I/Y** **CPT** **PV** 50,000.000

그런데 증액저축을 계산할 때 우리가 각별히 유의해야 할 것이 한 가지 있다. 그것은 '기말급 증액저축'의 계산이다. 일단 다음의 두 가지 사항을 잘 기억하도록 하겠다.

- PMT 값은 현재 시점이 기준이다.
- 기시급에서 계산된 PMT 값은 PMT(B)로, 기말급에서 계산된 PMT 값은 PMT(E)로 표시하기로 한다.

| 연습 5 | 김시현 씨는 5년 후 결혼을 계획하고 있다. 결혼자금은 현재가치로 50,000천원을 예상하고 있으며, 결혼자금의 물가상승률은 연 2%, 김시현 씨가 가입한 투자상품의 수익률은 연복리 4%이다. 김시현 씨가 결혼자금 마련을 위해 준비한 자금이 따로 없어서 앞으로 5년 동안 매년 말 10%씩 증액해서 저축하고자 한다. 김시현 씨의 첫해 말 저축액은 얼마인가?

이 문제는 저축방법이 기말급이라는 것만 제외하고는 앞의 [연습 4]와 모든 조건이 동일하다. 따라서 현재 필요한 자금을 계산하는 것은 당연히 같다.

50,000 **FV**, 5 **N**, (4−2)÷1.02= **I/Y** **CPT** **PV** −45,373.697

다음으로 매년 말 저축할 금액을 계산해야 되는데 우선 PMT(E) 값을 구해보자. 이때 조정수익률이 다른 것도 유념해야 한다.

[END] −45,373.697 **PV**, 5 **N**, (4−10)÷1.10= **I/Y**

CPT **PMT** 7,645.234

PMT(E) 값이 7,645.234원으로 계산이 되었다. 그런데 무언가 이상하지 않는가? 앞에서 PMT에 대한 기본적인 내용을 학습할 때 기시급이 기말급보다 빨리 저축을 시작하게 되므로 이자가 더 붙어서 유리하다고 했다. 이 내용은 동일한 금액(FV)을 조성하기 위해서 저축을 할 때 기시급 PMT(B)가 기말급 PMT(E)보다 값이 적다는 것과 같은 의미이다. 예를 들어 3년 뒤 1,000천원을 조성하기 위해서 연복리 5% 상품에 저축을 할 때, PMT(B)와 PMT(E)를 각각 구해보도록 하자.

[BGN] 1,000 **FV** , 3 **N** , 5 **I/Y** **CPT** **PMT** −302.103

[END] 1,000 **FV** , 3 **N** , 5 **I/Y** **CPT** **PMT** −317.209

위 계산에서 나타나듯이 PMT(B)의 값이 PMT(E)의 값보다 적은 것이 논리적으로 맞다. 그런데 앞의 [연습 5] 풀이과정에서 계산된 PMT(E)의 값 7,645.234천원은 [연습 4]에서 계산한 PMT(B)의 값 8,086.305천원보다 더 적다. 어디에서 잘못된 것일까? 풀이과정에는 아무런 문제도 없어 보인다.

여기서 우리는 앞에서 언급한 유의사항 두 가지를 떠올려야 한다. 첫 번째, 기말급 증액저축 계산은 각별히 유의해야 한다. 두 번째, PMT 값은 현재시점이 기준이다. 첫 번째 유의사항은 앞으로 설명이 될 것이고, 두 번째 유의사항에 대해서 [그림 7-2]를 보며 이해해 보자.

그림 7-2 증액저축의 PMT(B)와 PMT(E)

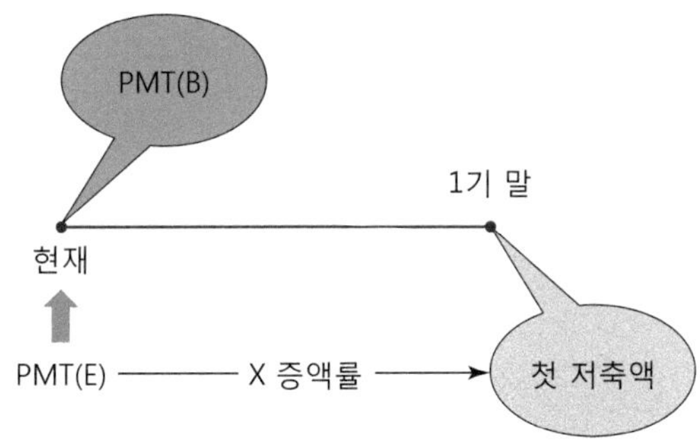

우리가 구해야 하는 것은 김시현 씨가 첫해 말 저축할 금액이다. 그런데 앞에서 계산한 PMT(E)의 값 7,645.234천원은 실제 저축을 하려는 첫해 말 시점이 아니라 현재시점에서 계산한 값이라는 것이다. 따라서 실제 저축이 이루어지는 첫해 말의 저축액을 구하기 위해서는 산출된 PMT(E) 값에 증액률을 곱해야 되는 것이다. 즉 7,645.234천원 ×1.1=8,409.757천원이 김시현 씨의 첫해 말 저축액인 것이다.

즉 기시급 PMT(B)는 산출된 PMT 값의 시점과 저축을 시작하는 시점이 동일하므로 그대로 사용하면 되는 것이고, 기말급 PMT(E)는 산출된 PMT 값의 시점과 저축을 시작하는 시점이 한 기간(N)만큼 차이가 나기 때문에 1N만큼 할증 계산을 해줘야 정확한 첫 번째 저축액 계산이 되는 것이다.

그러면 증액방식이 아닌 다른 케이스에서 산출된 PMT(E)에 대해서도 기말급이므로 어떤 값을 곱해주어야 할 것인가? 그렇지 않다. 증액방식이 아닌 경우에는 현재 시점을 기준으로 계산한 PMT 값을 그대로 사용해도 된다. 위의 계산은 증액방식이기 때문에 기말급인 경우에 한하여 산출된 PMT 값에 증액률을 반영해주는 것이다. 다음의 [연습 6], [연습 7]을 통해 이해의 폭을 넓힐 수 있도록 하자.

❙ 연습 6 ❙ 앞으로 3년 동안 현재 물가가치로 1,000천원을 매년 초 증액방식으로 저축할 경우 그 저축액의 현재가치는 얼마인가? 단, 증액률 연 3%, 투자수익률은 연 5%이다.

그림 7-3 기시급 증액저축의 구조

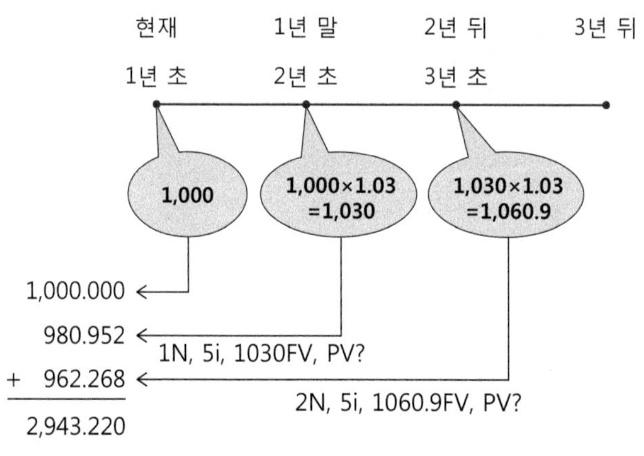

위 계산은 조정수익률을 이용해 간단히 계산할 수 있다.

[BGN] −1,000 **PMT**, 3 **N**, (5−3)÷1.03= **I/Y**, **CPT** **PV**

2,943.220

▎연습 7▐ 앞으로 3년 동안 현재 물가가치로 1,000천원을 매년 말 증액방식으로 저축할 경우 그 저축액의 현재가치는 얼마인가? 단, 증액률 연 3%, 투자수익률은 연 5%이다.

그림 7-4 기말급 증액저축의 구조

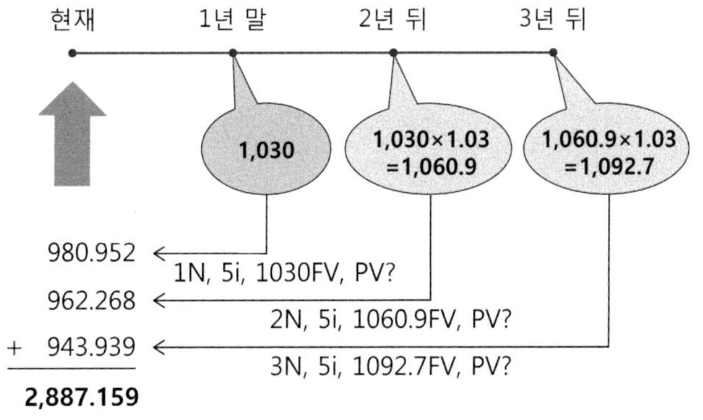

마찬가지로 이 계산도 조정수익률을 이용해 간단히 계산할 수 있다.

[END] −1,000 **PMT** , 3 **N** , (5−3)÷1.03= **I/Y** , **CPT** **PV**

2,887.159

▎연습 8▐ 현재 물가가치로 70,000천원을 5년 후 보유하기 위하여 매년 말 증액저축을 하려고 한다. 증액은 물가상승률만큼 하는 경우 첫해 말 입금 금액은 얼마인가? 단 투자수익률은 연복리 4%, 물가상승률은 연 1.5%이다.

☞ 물가상승률=증액률인 경우, 조정수익률 동일

70,000 **FV** , 5 **N** , (4−1.5)÷1.015= **I/Y** **CPT** **PV**

[END] −61,981.425 **PV** , 5 **N** , (4−1.5)÷1.015= **I/Y**

CPT **PMT** 13,327.121

첫해 말 저축액은 13,327.121×1.015=**13,527.028천원**

❙ 연습 9 ❙ 현재 물가가치로 70,000천원을 5년 후 보유하기 위하여 매년 말 증액저축을 하려고 한다. 증액은 매년 5%씩 하려는 경우 첫해 말 입금금액은 얼마인가? 단 투자수익률은 연복리 4%, 물가상승률은 연 1.5%이다.

☞ 물가상승률 ≠ 증액률인 경우, 조정수익률 다름

70,000 FV, 5 N, $(4-1.5)\div1.015=$ I/Y [CPT] PV

[END] $-61,981.425$ PV, 5 N, $(4-5)\div1.05=$ I/Y

[CPT] PMT $12,044.365\times1.05=$ **12,646.583천원**

7.3 목적자금의 계산

앞에서 목적자금을 계산하는 절차에 대해서 학습하였는데, 이를 조금 더 현실적인 시나리오로 정리해보면 다음과 같다.

1. 재무목표 시점 확인
   → 나는 몇 살에(또는 몇 년 뒤에) OOO가 하고 싶어!
2. 재무목표 금액 확인
   → 그럼 필요한 돈은 현재가치 기준으로 얼마지?
3. 필요자금 산출
   → 그 돈은 필요한 시점이 되면 얼마가 될까?
   (현재가치 PV, 남은 기간 N, 물가상승률 I, FV 계산)
4. 투자금액 산출
   → 그때까지 자금을 만들기 위해 내가 오늘 통장에 얼마 넣으면 될까?
   (필요자금 FV, 기간 N, 투자수익률 I, PV 계산)
5. 부족자금 계산
   → 그런데 통장에 넣어둘 돈이 없네? (또는 부족하네)

6. 저축액 계산

→ 목돈이 없으니까 부족한 자금 마련을 위해서 저축을 해야겠네?
(부족자금 PV, 기간 N, 투자수익률 또는 조정수익률, PMT 계산)

→ 저축방식(정액, 증액), 증액률 등 확인

이 내용을 정리해서 그림으로 나타내면 다음과 같다. 예시 기준은 10,000천원의 차를 3년 뒤에 구입하기 위해 필요한 첫 번째 저축액을 구하는 것으로 물가상승률 연 2%, 투자수익률 연복리 6%, 증액률 5%인 경우이다.

그림 7-5 목적자금 계산 구조

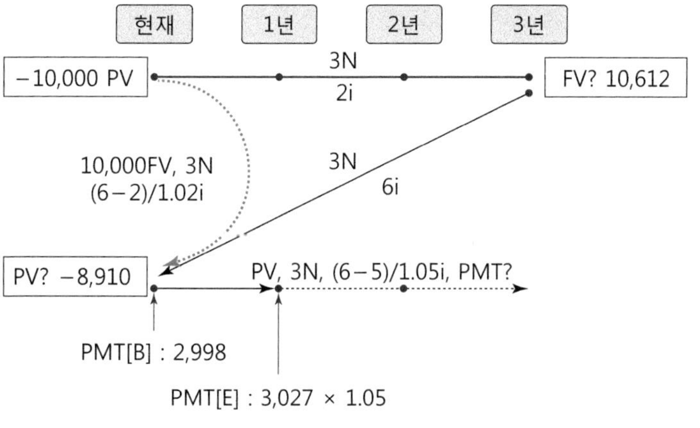

[그림 7-5]을 기준으로 목적자금 계산 시나리오를 정리해 보자.

1. 재무목표 시점 확인 : 3년 뒤(물가상승률 2%, 투자수익률 6%)
2. 재무목표 금액 확인 : 10,000천원
3. 필요자금 산출

   -10,000 **PV** , 3 **N** , 2 **I/Y** **CPT** **FV** 10,612.080

4. 투자금액 산출

   10,612.080 **FV** , 3 **N** , 6 **I/Y** , **CPT** **PV** -8,910.107

※ 조정수익률을 이용해서 3,4 단계를 한 번에 계산

10,000 **FV**, 3 **N**, (6−2)÷1.02= **I/Y** **CPT** **PV** −8,910.107

5. 부족자금 계산 : 사례에서 따로 언급한 자금이 없으므로 **−8,910.107**
6. 첫 번째 저축액 계산

① 기시급 [BGN] −8,910.107 **PV**, 3 **N**, (6−5)÷1.05= **I/Y**

CPT **PMT** **2,998.232천원**

② 기말급 [END] −8,910.107 **PV**, 3 **N**, (6−5)÷1.05= **I/Y**

CPT **PMT** 3,026.787×1.05=**3,178.126천원**

이상과 같은 방법으로 일정 기간 뒤에 필요한 다양한 목적자금을 계산할 수 있는 방법을 학습해 보았다. 우리가 살면서 다양한 형태의 자금이 필요하듯이 목적자금은 사업자금, 주택마련자금, 결혼자금, 여행자금, 자동차구입자금 등 여러 이름으로 제시될 수 있다. 하지만 앞의 내용들을 잘 이해하면 목적자금 계산이 가능하게 될 것이다. 특히 많은 학생들이 '증액저축'이라는 생소한 개념을 낯설어하고, 기시급 · 기말급에 따라 첫 번째 저축액 계산이 달라지는 것에 혼란스러워한다. 이는 기본적인 개념을 잘 이해하고, 여러 문제를 통해 익히는 것만이 해법이다.

다음 체크리스트를 계산 과정에서 하나씩 확인하는 습관을 만들기 바란다.

[Tip] 목적자금 마련을 위한 저축액 계산 시 유의사항

1. 정액저축인지 증액저축인지 구분
2. 정액저축인 경우 산출된 PMT(B) 또는 PMT(E) 값이 첫 번째 저축액
3. 증액저축인 경우 기시급인지 기말급인지 구분
4. 증액저축 기시급인 경우에는 PMT(B) 값이 첫 번째 저축액
5. 증액저축 기말급인 경우 첫 번째 저축액은 PMT(E)×증액률
6. 증액저축인 경우 증액률과 물가상승률이 동일한지 반드시 확인

연습문제 *Exercise*

※ 다음 문제들을 재무계산기를 사용하여 풀이하시오.

문 1 이서경 씨는 15년 후 아파트를 장만하려고 한다. 대상 아파트는 현재물가기준으로 400,000천원이며, 매년 아파트 가격은 3%씩 인상될 것으로 예상된다. 이서경 씨는 이 아파트 구입을 위해 세후 투자수익률 연 5% 상품에 오늘 일시금으로 얼마를 투자하면 되는가?

문 2 이서경 씨가 3년 후 대학에 진학하는 자녀를 위하여 현재물가기준으로 10,000천원을 준비하려고 한다. 대학 교육비가 연 2.5%씩 인상될 것으로 예상될 때, 세후 투자수익률 연 5% 상품에 오늘 일시금으로 얼마를 투자하면 되는가?

문 3 김시현 씨는 7년 후 결혼을 계획하고 있다. 결혼자금은 현재가치로 50,000천원을 예상하고 있으며, 결혼자금의 물가상승률은 연 1.5%, 김시현 씨가 가입한 투자상품의 수익률은 연복리 5%이다. 김시현 씨가 결혼자금 마련을 위해 준비한 자금이 따로 없어서 앞으로 7년 동안 오늘을 시작으로 매년 3%씩 증액해서 저축하고자 한다. 김시현 씨의 최초 저축액은 얼마인가?

문 4 위의 [문 3]에서 김시현 씨는 마음을 바꿔 올해 말부터 매년 말 저축하기로 결심했다. 나머지 조건은 전부 동일한 경우 김시현 씨의 첫 번째 저축액은 얼마가 되겠는가?

문 5 현재 물가가치로 100,000천원을 5년 후 보유하기 위하여 매년 말 증액저축을 하려고 한다. 증액은 매년 10%씩 하려는 경우 첫해 말 입금금액은 얼마인가? 단 투자수익률은 연복리 4%, 물가상승률은 연 2%이다.

문 6 정훈희 씨는 5년 뒤 구입가격이 20,000천원으로 예상되는 RV 승용차를 구입하려고 한다. 이를 위한 첫 번째 저축액을 ① 매년 초 증액 저축하는 경우 ② 매년 말 증액 저축하는 경우를 각각 구하시오. (물가상승률 연 3%, 투자수익률 연복리 6%, 증액률 5%)

문 7 앞으로 3년 동안 현재 물가가치로 10,000천원을 매년 초 증액방식으로 저축할 경우 그 저축액의 현재가치는 얼마인가? (증액률 3%, 투자수익률 5%)

문 8 앞으로 3년 동안 첫 해말 10,000천원을 시작으로 매년 말 증액 방식으로 저축할 경우 그 저축액의 현재가치는 얼마인가? (증액률 3%, 투자수익률 5%)

문 9 이미경 씨는 금년 초 전년도 연봉의 10%를 주식형 펀드에 투자하였다. 앞으로 매년 초마다 전년도 연봉의 10%를 투자할 계획이다. 전년도 연봉은 65,000천원이었으며 매년 6%씩 오를 것으로 기대된다. 만약 펀드가 매년 12.5%의 수익률이 기대된다면, 10년 뒤 펀드의 잔액은 얼마인가?

문 10 성훈 씨(35세)는 퇴직 후 노후생활을 위해 금년 말 5,000천원을 시작으로 향후 20년 동안 매년 10%씩 증액해서 연금 상품에 불입하고자 한다. 적립액이 연5% 세후 기대수익률로 운용된다면 20년 후 원리금의 합계는 얼마가 되는가?

Chapter

08

교육자금의 계산

대부분의 사람들은 현대사회를 살아가면서 본인 또는 자녀의 교육에 많은 자금을 사용하게 된다. 특히나 대한민국의 교육열이 높은 것은 누구나 다 아는 사실이다. 교육자금의 종류도 다양하다. 초등학교, 중학교, 고등학교, 대학교 등 공교육 교육비, 각종 학원에 들어가는 사교육비, 어학연수를 비롯한 유학자금, 기타 자기계발이나 취미를 위한 교육비 등이 있을 것이다. 이러한 교육자금도 넓은 의미에서는 목적자금의 한 종류이다. 하지만 앞 장에서 학습한 결혼자금이나 사업자금, 주택마련자금 등은 보통 오랫동안 준비했다가 한 번에 집행하면서 재무목표가 해소되는 특징이 있다면 교육자금은 고등학교 3년, 대학교 4년과 같이 일정기간 지속적으로 지출되는 특징을 가지고 있다. 따라서 별도의 챕터로 배정을 하여 학습을 진행하기로 한다. 우선 본격적인 교육자금 계산에 앞서 목적자금의 재무계산 시 유의하여야 되는 사항들에 대하여 짚어보도록 하겠다.

8.1 목적자금 계산 시 유의사항

앞 장에서 학습한 내용은 목적자금 재무계산에 대한 이해를 돕기 위해 단순화되고 필요한 내용으로만 구성된 사례들을 학습하였는데, 우리가 실무에서 각종 목적자금을 계산하려면 상당히 많은 변수를 검토하여야 한다. 따라서 다음과 같은 사항들에 유의하면서 계산을 한다면, 보다 정확한 계산을 수행할 수 있고 시행착오를 줄일 수 있을 것이다.

첫 번째, 타당한 가정을 세워야 한다. 재무계획 수립은 기본적으로 여러 가정들을 전제로 수립된다. 그런데 재무목표 중에는 1년 뒤, 2년 뒤와 같이 비교적 짧은 기간을 대상으로 하는 것들도 있지만, 10년 뒤, 20년 뒤와 같이 상당히 먼 미래의 일들에 대한 것들도 있다. 따라서 여기에 영향을 미치는 변수들이 상당히 다양하게 존재하고 변화의 가능성도 크다. 가장 대표적인 것이 물가상승률이라고 할 수 있는데, 10여 년 전만해도 재무계산을 할 때 물가상승률을 보통 연 3~4% 정도로 설정하곤 했다. 하지만 최근 몇 년 사이의 물가상승률은 1% 전후로 상당히 낮은 추세를 보이고 있다. 물가상승률을 높게 설정하고 재무계산을 하면 미래에 필요한 목적자금이 많아지게 되므로 소비를 대폭 축소하고, 많은 금액을 저축해야만 한다. 물론 계획을 수립할 때 지나치게 낙관적인 계획보다는 어느 정도 보수적인 계획을 세우는 것이 더 바람직하다고 할 수 있다. 하지만 지나치게 과다하거나 이상적인 계획수립은 실행 가능성도 낮고, 중도에 포기하게 될 확률도 크다. 기대수익률 및 투자수익률의 경우도 마찬가지이다. 과거 고성장, 고금리 시대에는 연 10% 달성이 어렵지 않았지만 예금금리가 1% 미만인 저금리 시대에 오랜 기간 동안 높은 수익을 지속적으로 유지한다는 것은 결코 쉬운 일이 아니다. 따라서 현실에 근거한 합리적인 수익률 설정이 필요하다. 은퇴자금의 경우에는 기대여명(사망까지 남은 수명)도 설정하게 되어 있는데 지나치게 일찍 사망하거나, 지나치게 오래 장수하는 계획을 세워서는 곤란하다. 너무 일찍 사망하는 것으로 계획을 세운다면 건강하게 장수할 경우 자금이 부족할 것이며, 보수적으로 계획을 수립한다고 지나치게 오랫동안 생존하는 것으로 계획을 세우면 노후자금을 마련하느라 다른 재무목표를 포기해야 되는 불합리한 상황이 될 수도 있다. 이외에도 금리, 저축 및 투자기간 등 여러 가정을 세우고 재무계획을 세워야 되는데 이 과정에서 검토해야 되는 지표들은 현실에 근거하고, 달성 가능성이 있는 합리적인 수치들이어야 한다.

두 번째, 재무계산을 수행할 때에는 주어진 정보를 최대한 활용하자. 학생들 입장에서 하게 되는 재무계산은 크게 두 가지 경우일 것이다. 앞으로 기업 등 사회에 진출해서 실무에서 마주하게 될 다양한 재무계산에 대비하고자 재무계산을 하는 경우와 CFP, FRM, CFA 등 금융관련 고급 자격시험을 준비하고자 학습을 하는 경우일 것이다. 실무 대비 또는 시험 준비의 두 가지 경우 모두 여러 조건이 제시되고, 이를 기반으로 문제를 해결해야 되는데 정상적인 사례 또는 문제라면 해당 내용 중에 우리가 재무계산을 수행할 수 있는 모든 조건이 포함되어 있다. 따라서 고객들의 사례 또는 출제된 문제를 꼼꼼히 잘 살펴보고, 제시된 정보를 최대한 활용한다면 해결하지 못하거나, 풀지 못하는 경우는 없을 것이다. 사례(문제) 속에 답이 있다는 점을 명심하도록 하자.

세 번째, 불필요한 정보를 골라낼 수 있어야 한다. 실무 사례와 시험 문제 모두 마찬가지이다. 굉장히 많은 정보 속에서 우리는 재무계획 수립을 위한 계산에 필요한 정보를 선별할 수 있는 능력을 키워야 한다. 당연한 이야기지만 잘못된 정보를 투입하면 잘못된 계산 값이 도출될 수밖에 없다. 특히 재무계산을 요하는 시험에서는 수험자들의 변별력을 시험하고자 불필요한 여러 정보를 섞어서 제시함으로써 계산에 혼선을 야기하기도 한다. 이럴 때일수록 냉철하게 분석하여 필요한 정보를 정확하게 골라내서 올바른 계산을 할 수 있어야겠다.

네 번째로 유의할 것은 현금유입(+)과 유출(−)을 정확하게 구분하여야 한다는 것이다. 앞에서 유출(−)로 입력되어야 할 곳에 유입(+)으로 입력이 되면 오류가 발생된다는 것을 학습하였다. 특히 재무계산 초심자들이 자주 범하는 실수인데, 계산이 원하는 대로 진행되지 않으면, 유입과 유출을 정확하게 설정하였는지부터 검토하도록 하자.

다섯 번째, 화폐(금액) 단위에 유의하자. 사례 또는 출제 문제에 따라 원 단위, 천 단위, 만 단위, 백만 단위, 억 단위 등 상당히 다양한 화폐단위를 제시한다. 이러한 금액 단위를 잘 맞춰서 계산하도록 하자. 학생들을 지도하는 입장에서 보면 여러 학생들이 계산과정은 어렵게 잘 풀어놓고, 화폐 단위를 잘못 입력해서 문제를 틀리는 경우를 자주 본다. 예를 들어 문제에는 천원 단위로 제시되어 있는데 이를 만원 단위로 풀면서 오류가 생기는 경우 등이 아주 빈번하게 발생된다. 또한 금융전공자라고 하면 화폐 단위를 빠르게 읽어 내는 것도 필수적인 항목이다. 아직 큰 숫자를 다루는데 익숙하지 않은 학생들은 일부러라도 숫자를 자주 읽어 버릇해서 숫자를 잘못 읽어 문제를 해결하지 못하는 어이없는 일이 없도록 해야 할 것이다.

여섯 번째, PMT가 포함된 계산에서는 반드시 기시급인지 기말급인지를 확인하도록 하자. 기시급 계산인데 기말급으로 푼다든지 또는 반대로 하는 경우 또한 초심자들이 가장 많이 범하는 실수 중 하나이다.

일곱 번째, 일복리, 월복리, 분기복리, 반기복리, 연복리 등 이자계산주기와 저축주기가 같은지 여부를 항상 확인하도록 하자. 별다른 언급이 없거나 이자계산주기와 저축주기가 일치할 때에는 신경 쓸 것이 없지만, 이것이 다른 경우에는 이율변환을 하여야 한다. 반면 굳이 이율변환을 할 필요가 없는 문제인데, 괜히 지레짐작으로 이율변환을 해서 풀이에 오류가 발생되는 경우도 종종 있으니 문제를 잘 파악할 수 있도록 유의하자.

여덟 번째, '현재가치기준으로', '현재물가기준으로', '현가기준' 등의 표현이 있으면 물가상승률을 반영해서 계산을 진행하여야 된다는 의미가 포함되어 있다고 볼 수 있다. 이때 물가상승률과 투자수익률을 잘 구분해서 계산하여야 할 필요가 있으며, 이를 간편하게 계산할 수 있는 조정수익률에 대해서도 잘 이해하도록 하자.

아홉 번째, 증액률이 반영되는 증액저축 등의 계산은 체크할 사항이 많으므로 7장 마지막 부분에서 언급한 유의사항을 숙지하고, 계산상 실수가 발생되지 않도록 주의하도록 하자.

열 번째, 한 단계의 계산이 끝났으면 **2ND** [QUIT], **2ND** [CLR TVM], **2ND** [CLR WORK] 등의 과정을 수행해서 이전 입력 값이 다음 계산에 영향을 주는 일이 없도록 하자.

8.2 교육자금 계산의 특징

일반적인 목적자금과 달리 교육자금 계산은 다음의 특징을 가지고 있다.

① 지출이 일시에 일어나지 않고, 일정기간 반복적으로 발생

→ 초등학교 6년, 중학교 3년, 고등학교 3년, 대학교 4년+α

② 가족 구성원에 대한 이해가 있어야 됨

→ 부모와 자녀, 특히 각각의 나이에 대한 파악 필요

③ 물가상승률과 교육비상승률 구분하여 확인 필요

→ 사례에 따라 일치할 수도 그렇지 않을 수도 있음에 유의

④ PMT 계산방식과 CF 계산방식 중 선택

→ 사례에 따라 편리한 방법 또는 자신이 익숙한 방법을 선택

⑤ 교육비는 특성상 기시급 PMT(B)가 적용되는 경우가 일반적임

→ 등록금, 입학금 등은 대부분 선불 구조임

❙ 연습 1 ❙ 이서경 씨의 자녀는 올해 대학에 입학한다. 대학 교육자금은 현재물가기준으로 매년 초 10,000천원이 필요하다. 교육비상승률이 연 4%이고, 투자상품의 세후 투자수익률이 연 7%라면 이서경 씨는 오늘 얼마를 교육비로 가지고 있으면 되는가? 이서경 씨의 자녀는 4년간 연속으로 대학교 학업을 진행할 예정이다.

교육비는 특성상 일시 지출로 종결되지 않으며, 일정 기간 동안 지속적으로 발생된다. 또한 첫 해의 교육비가 지속되는 경우보다 매 기간 꾸준히 상승할 가능성이 크다. 따라서 [연습 1]은 다음 그림과 같은 현금흐름이 예상된다.

그림 8-1 교육비 현금흐름 예상

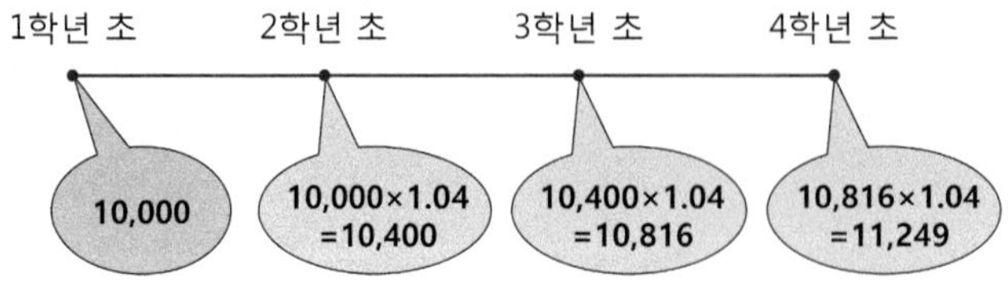

[그림 8-1]의 교육비 현금흐름은 금액이 일정하지 않은 모습을 보이고 있다. 그런데 문제에서는 이서경 씨가 '오늘 얼마를 가지고 있으면 되는지'를 묻고 있다. 우선 앞에서 학습한 현재가치 계산을 통해서 구해보자.

그림 8-2 대학 교육비의 현재가치

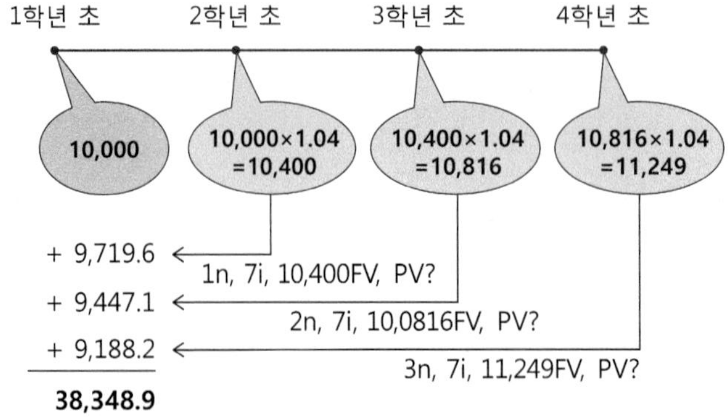

교육비 현금흐름의 현재가치 계산의 개념을 이해하기 위하여 [그림 8-2]와 같은 방식으로 계산하였지만 이러한 방법은 매우 많은 시간을 필요로 하고, 비효율적인 계산방법이라는 것을 알 수 있다.

이 문제를 보다 간편한 푸는 방법으로는 크게 두 가지가 있을 수 있다.

첫 번째, 조정수익률을 이용한 TVM 방식 계산이다. 이때의 조정수익률(K)은 물가상승률 대신 교육비상승률을 대입해서 계산하면 된다. 즉 (7－4)÷1.04가 K값이 된다. 앞 장에서 일시에 지출되는 목적자금 계산을 학습했을 때 우리가 원하는 현재가치 기준의 재무목표 금액을 FV로 설정했었다. 그런데 교육자금을 구하는 문제는 일시 지출이 아니라 연속 지출이 발생된다. 따라서 이때에는 FV가 아니라 PMT로 설정한다. PMT는 정액의 정기적인 흐름인데 [그림 8-1]에서 살펴본 바와 같이 이 현금흐름은 불규칙하지 않은가? 하지만 매년 일정한 비율(교육비상승률)로 인상된다는 규칙을 가지고 있으므로 K 값을 이용해서 PV 값을 구할 수 있다.

[BGN] 10,000 **PMT** , 4 **N** , (7－4)÷1.04= **I/Y**

CPT **PV** －38,348,980

[그림 8-2]에서 단계별로 PV 값을 구해 더한 값과 같은 값이 나온 것을 확인할 수 있다.

두 번째 방법은 CF 방식으로 계산하는 것이다. CF 방식은 다시 두 가지로 나누어서 계산할 수 있는데,

① 우선 불규칙한 현금흐름을 그대로 입력해 주는 방법이다. 그림을 참조하면 현금흐름이 다음과 같이 나타난다. 1학년 초 10,000천원, 2학년 초 10,400천원, 3학년 초 10,816천원, 4학년 초 11,249천원. 이때 I 값은 어떻게 설정할 것인가? 이 현금흐름은 교육비상승률을 반영하여 매년 연 4%씩 할증된 것이므로 할인율인 I 값에는 투자수익률 7%를 입력하면 된다.

CF0＝10,000 [ENTER]

[↓] C01＝10,400 [ENTER], [↓] F01＝1 [ENTER]

[↓] C02＝10,816 [ENTER], [↓] F02＝1 [ENTER]

[↓] C03＝11,249 [ENTER], [↓] F03＝1 [ENTER]

[NPV] I＝7 [ENTER] [↓] [CPT]

☞ **NPV=38,349.274**

CF 방식으로 계산할 때 초심자들이 틀리기 쉬운 실수는 '1학년 초'이기 때문에 첫 번째 현금흐름인 10,000천원을 CF0이 아닌 C01에 입력할 수 있으므로 이에 유의하여야 한다. 또한 CF0을 습관적으로 (−)로 입력하고 나머지 현금흐름은 (+)로 입력하는 실수도 자주하게 되는데 유의하도록 하자.

위의 계산 결과로 NPV 값이 38,349.274천원이 나왔다. 앞에서 TVM 방식으로 PMT를 이용해서 계산한 PV 값 −38,348.980천원과 끝자리가 틀리게 계산이 되었다. 이는 현금흐름을 입력하면서 소수점 이하를 입력하지 않아서 생긴 차이이므로 크게 신경 쓰지 않아도 된다. 그런데 ①번 방식의 계산은 매년의 현금흐름을 별도로 계산하여야 되는 등 과정이 상당히 번거롭다. 조금 더 효율적으로 계산하는 방법을 연구해보자.

② 같은 CF 방식이지만 현금흐름이 일정한 규칙(매년 4%씩 인상)을 가지고 있다는 점을 이용해서 조정수익률을 사용해서 계산하는 방법이다. 이 방법은 다음과 같이 입력하면 같은 값을 얻을 수 있다.

CF0＝10,000 [ENTER]

[↓] C01＝10,000 [ENTER], [↓] F01＝3 [ENTER]

[NPV] I＝(7－4)÷1.04＝[ENTER] [↓] [CPT] **38,348.980**

여기서 유의할 점은 10,000천원의 등록금이 4회 반복되지만 CF0는 반복횟수를 입력하지 못하므로, CF0＝10,000, C01＝10,000, F01＝3 으로 입력해야한다는 것과 할인율을 조정수익률을 사용해야 된다는 것이다.

TVM 방식과 CF 방식 계산을 비교해보면, 이 문제의 경우에는 TVM방식이 훨씬 효과적으로 보인다. 그렇다면 다음의 경우를 한번 살펴보도록 하자.

| 연습 2 | 이서경 씨의 자녀의 현재 나이는 14세이고, 19세부터 4년간 대학 교육자금이 현재물가기준으로 매년 초 10,000천원이 필요하다. 교육비상승률이 연 4%이고, 투자상품의 세후 투자수익률이 연 7%라면 오늘 일시금으로 얼마를 투자하면 되는가?

앞의 [연습 1]과 다른 가정은 동일한데, 필요시점이 다른 경우이다. 이러한 문제는 타임라인을 그려서 혼선을 예방하는 것이 좋다고 했다.

그림 8-3 N년 후 필요한 교육자금

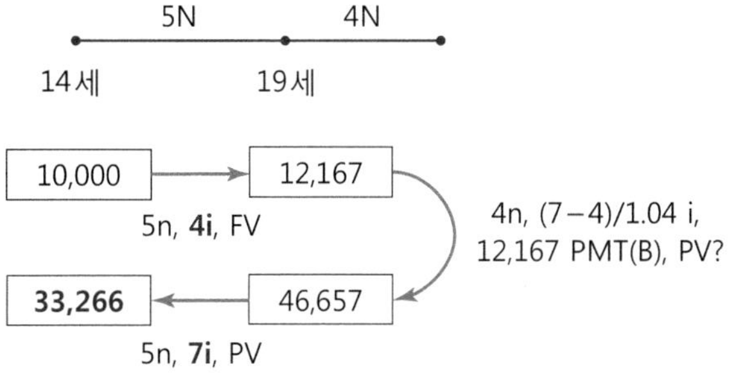

[그림 8-3]은 이 문제를 TVM 방식으로 풀어본 것이다. 우선 현재가치 10,000천원(PV)의 대학 교육자금은 5년 뒤 얼마가 되는지 FV 값을 계산하고, 그 값을 PMT(B)로 설정하고 조정수익률을 이용해서 5년 뒤 시점에서의 필요 일시금(PV, 46,657)을 계산한 것이다. 그리고 이 값을 투자수익률 7%로 할인해서 현재 얼마의 돈을 투자하면 되겠는지를 계산한 것이다.

−10,000 **PV**, 5 **N**, 4 **I/Y**, **CPT** **FV** 12,166.529

[BGN] 12,166.529 **PMT**, 4 **N**, (7−4)÷1.04= **I/Y**

CPT **PV** −46,657.398

−46,657.398 **FV**, 5 **N**, 7 **I/Y**, **CPT** **PV** 33,266.080

이것을 CF 방식으로 풀어보자. 9년간의 현금흐름을 나열하면 다음과 같다.

현금흐름 예상 (현재가치 기준)			
14세	현재	CF0	0
15세		C01	0
16세		C02	0
17세		C03	0
18세		C04	0
19세	대학입학	C05	10,000
20세	2학년	C06	10,000
21세	3학년	C07	10,000
22세	4학년	C08	10,000

이 현금흐름을 계산기에 입력해서 NPV를 계산하도록 한다.

CF0＝0 [ENTER]

[↓] C01＝0 [ENTER], [↓] F01＝4 [ENTER]

[↓] C02＝10,000 [ENTER], [↓] F02＝4 [ENTER]

[NPV] I＝(7－4)÷1.04＝[ENTER] [↓] [CPT] 33,266.080

TVM 방식과 CF 방식을 비교하면 어떠한가? 개인에 따라 선호가 있을 수 있겠지만 계산을 요하는 기간이 길어지고 현금흐름이 엇갈리게 나타나는 경우에는 CF방식으로 푸는 것이 상당히 간편하다고 볼 수 있다. 다만 유의할 점은 현금흐름의 순서 및 반복 횟수 등을 정확하게 파악하는 것이 핵심이라는 것이다. 아무리 계산을 간편하고 빠르게 할 수 있다고 해도 잘못된 값이 입력되면 아무 의미도 없기 때문이다. 그래서 타임라인을 그려서 정확한 현금흐름을 파악하고자 하는 것이다.

또한 물가(교육비)상승률, 투자수익률, 조정수익률에 대한 이해가 정확하게 되어야 한다. 만약 이러한 개념들이 완전하게 정립되지 못하였다면 CF 방식보다는 TVM 방식을 이용해서 단계별로 짚어가며 계산하는 것이 훨씬 더 안전하다고 할 수 있다.

8.3 교육자금 계산 사례

| 연습 3 | 자녀 교육에 관심이 많은 이서경 씨는 교육자금을 미리 준비하고자 한다. 자녀의 현재 나이는 10세이고, 16세부터 3년간 고등학교 교육비로 매년 초 현재물가기준 6,000천원, 그 후 4년간 대학 교육비로 매년 초 현재물가기준 10,000천원이 필요하다. 교육비상승률이 연 7%이고, 투자상품의 세후 투자수익률이 연 8%라면 지금 준비해야 할 교육자금은 얼마인가?

이 문제는 고등학교의 교육비와 대학교의 교육비가 다르다. 이런 경우 TVM 방식으로는 어떻게 계산하면 되겠는지 생각해보자.

그림 8-4 학교별 등록금이 다른 경우

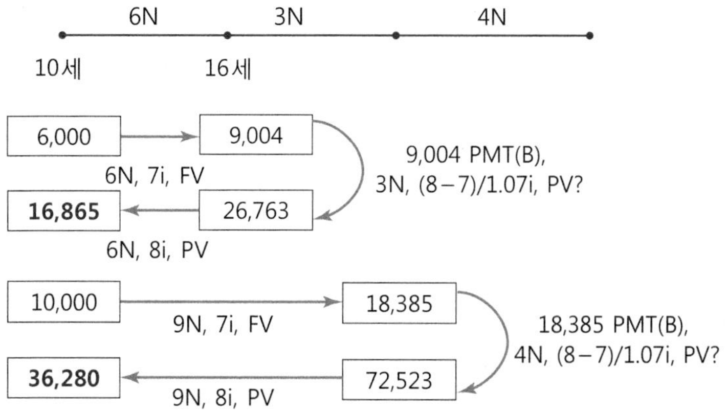

교육비가 구간별로 다르므로 TVM 방식의 계산은 필요한 고등학교 교육비의 현재가치와 대학교 교육비 현재가치를 각각 구해서 이를 더해서 필요자금을 계산한다. 즉 이서경 씨가 현재 준비해야 될 교육자금은 16,685천원+36,280천원=53,145천원이 된다. 그림에 계산하는 식을 요약해 두었으므로 계산기 입력은 따로 기재하지 않는다.

이 문제를 CF 방식으로 풀어보도록 하자. CF 방식에서는 현금흐름만 착오 없이 잘 입력하면 된다. 그렇기 때문에 아직 CF 계산이 익숙하지 않은 경우에는 머릿속으로 생각해서 입력하는 것보다는 따로 예상 현금흐름을 적어 놓고 이를 참고하여 계산기에 입력하는 것이 오류를 줄일 수 있다.

예상 현금흐름을 순서대로 적으면 다음과 같이 된다.

10세부터 15세까지는 0, 16세부터 18세까지 현재가치 6,000천원, 19세부터 10,000천원의 현금흐름이 발생.

→ CF0=0, 0 5회 반복, 6,000 3회 반복, 10,000 4회 반복

이를 계산기에 입력하고 NPV를 계산하면?

CF0=0 [ENTER]

[↓] C01=0 [ENTER], [↓] F01=5 [ENTER]

[↓] C02=6,000 [ENTER], [↓] F02=3 [ENTER]

[↓] C03=10,000 [ENTER], [↓] F03=4 [ENTER]

[NPV] I=(8−7)÷1.07=[ENTER] [↓] [CPT] 53,145.434

| 연습 4 | 홍선우 씨는 올해부터 5,000천원을 시작으로 향후 5년 동안 매년 초 교육비상승률만큼 증액해서 적립식 펀드에 투자하고자 한다. 5년 뒤 원리금의 합계는 얼마가 되는가? (교육비상승률 연 3%, 투자수익률 연 5.5%)

그림 8-5 증액저축의 미래가치 계산

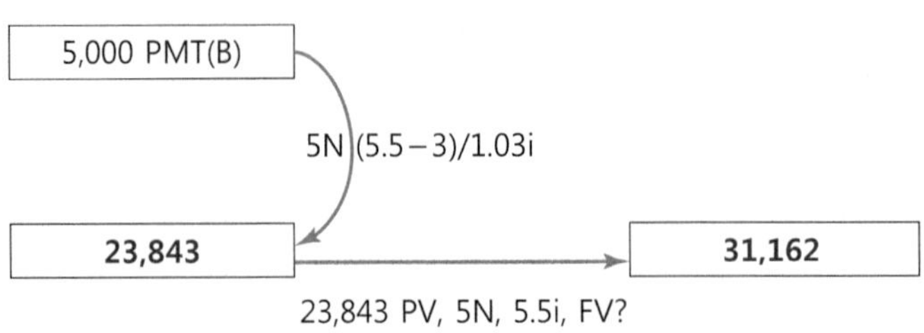

이 문제는 교육비를 언급하고 있지만 증액저축의 미래가치를 구하는 문제이다. 이것은 조정수익률을 이용해서 증액저축의 현재가치를 구한 뒤 그 값을 투자수익률로 할증해서 FV를 계산하면 된다.

[BGN] 5,000 PMT , 5 N , (5.5−3)÷1.03= I/Y , CPT PV

−23,842.911 PV , 5 N , 5.5 I/Y , CPT FV 31,161.731

이 문제도 CF 방식으로 풀어볼 수 있다. 이 경우의 현금흐름은 매우 단순하다. 현재가치기준 5,000천원의 현금흐름이 5번 반복되는 것이다. 매년 3%씩 증액하는 것은 조정수익률에 반영이 된다.

CF0=5,000 ENTER

↓ C01=5,000 ENTER, ↓ F01=4 ENTER

NPV I=(5.5−3)÷1.03= ENTER ↓ CPT

23,842.911 PV , 5 N , 5.5 I/Y , CPT FV −31,161.731

| 연습 5 | 김서원 씨는 은행에 일시금을 예치해두고, 1년 후 대학에 입학할 아들의 4년간 교육자금을 해결하고자 한다. 아들의 학비가 1년 후 5,000천원부터 시작하여 매년 4%씩 인상될 예정이라면 세후 투자수익률 연 5% 상품에 오늘 일시금으로 얼마를 투자하면 되는가?

이 문제는 7장에서 배운 증액저축을 기말급 PMT(E)로 하는 경우와 유사하다. 그런데 7장에서 풀었던 PMT(E) 증액저축 문제는 PMT 값을 구한 뒤 이것을 증액률만큼 할증시켜서 첫 번째 저축액을 구하는 것이었다. 그런데 [연습 5]의 지문을 보면, '1년 후 5,000천원부터 시작하여'라고 첫 번째 저축액(학비)이 제시되어져 있다. 그러면 우리는 이 값을 이용해서 PMT(E)를 구해야 되는 것이다. PMT는 현재 시점의 값이라는 것을 항상 명심해야 된다. 따라서 '1년 후 5,000천원'은 현재 시점의 값이 아니라 말 그대로 1N 뒤의 값임을 유의해야 된다. 풀이과정은 [그림 8-5]에 요약해 두었다.

그림 8-6 첫 번째 저축액이 제시된 경우의 증액저축 계산

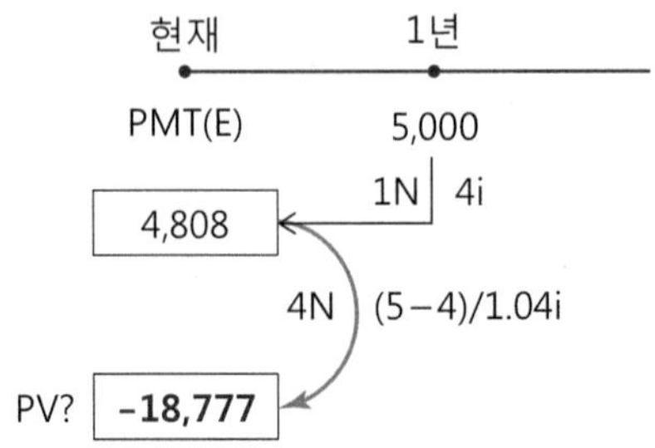

현재 시점에서 김서원 씨가 준비해야 될 자금은 18,777.234천원이 된다.

(5,000÷1.04) **PMT**, 4 **N**, (5−4)÷1.04= **I/Y**, **CPT** **PV**

이상과 같이 기본적인 교육자금 계산 방법들을 학습해 보았다. 더 복잡한 교육자금 계산 사례는 다음과 같은 것들이 있을 수 있다.

- 물가상승률과 교육비상승률을 다르게 제시
  → 교육자금을 구할 때에는 교육비상승률 적용
- 고등학교 교육비상승률과 대학교 교육비상승률이 다른 경우
  → 각각 구한 뒤 합계를 구하기
- 둘 이상의 자녀의 교육자금을 동시에 구하는 경우
  → 각각 구한 뒤 합계를 구하거나 연도별 현금흐름을 CF 방식으로 계산
- 군입대, 휴학 등으로 중간에 교육자금 지출 공백이 발생하는 경우
  → 연도별 현금흐름을 CF 방식으로 계산

실제 고객들의 사례나 금융 자격증을 위한 시험에서 교육자금과 관련된 복잡한 계산을 요구하는 경우가 있을 수 있다. 하지만 결론적으로는 모두 해결이 가능하다. 어떻게 구하는 것이 현명하겠는지를 사전에 충분히 검토하고 단계별로 차근차근 풀어 가면 될 것이다. 중요한 것은 빠르게 계산하는 것보다 정확하게 계산하는 것이라는 것을 잊지 말자.

연습문제 *Exercise*

※ 다음 문제들을 재무계산기를 사용하여 풀이하시오.

문 1 이서경 씨는 아들의 대학교육자금을 마련하고자 한다. 8년 후에 대학에 입학할 것으로 기대되는 아들의 대학교육자금은 4년간 매년 초 현재물가기준으로 12,000천원이 필요하며, 교육비상승률은 연 3%로 예상하고 있다. 이서경 씨가 이를 위해 연 5.5% 투자상품에 매년 초 동일한 금액을 적립한다면 지금부터 매년 적립할 금액은 얼마인가?

문 2 홍기훈 씨는 자녀 향미 양의 대학교육자금 마련을 위한 저축을 계획하고 있다. 대학교육자금은 지금부터 10년 후에 4년간 매년 초 현재물가기준으로 10,000천원을 예상하고 있으며, 교육비상승률은 연 4%가 예상된다. 홍기훈 씨가 자녀 향미 양의 대학교육자금 마련을 위해 세후투자수익률 연 6% 투자상품에 매년 말 동일한 금액을 저축할 경우 매년 얼마씩 저축하여야 하는가?

문 3 박대영 씨는 자녀 윤희 양의 대학교육자금 마련을 위한 저축을 계획하고 있다. 대학교육자금은 지금으로부터 10년 후에 4년간 매년 초 현재물가기준으로 10,000천원을 예상하고 있으며 교육비상승률은 연 5%로 예상된다. 박대영씨가 자녀 윤희 양의 대학교육자금을 마련하기 위하여 세후투자수익률 연 7% 투자상품에 매년 말 교육비상승률만큼 저축액을 늘려서 투자할 경우 최초 저축액은 얼마인가?

문 4 이현복 씨는 딸 시원 양의 대학교육자금 마련을 계획하고 있다. 시원 양은 8년 후에 대학에 입학할 것으로 기대되며 4년간 매년 초 현재물가기준으로 12,000천원의 대학교육자금이 필요하다. 교육비상승률을 연 3%로 가정할 경우, 이현복 씨가 시원양의 대학교육자금 마련을 위해 연 6% 저축상품에 매년 초 5%씩 저축액을 증가시켜 저축한다고 할 때 최초의 저축액은 얼마가 적절한가?

※ 다음 정보를 참고하여 5번부터 8번까지의 질문에 답하시오.

> 당신은 고객 홍범석 씨의 자녀 대학교육자금 마련에 대한 상담을 하고 있다. 홍범석 씨 자녀의 대학입학까지는 10년이 남았으며 교육비 상승률은 연 2%, 세후투자수익률은 연 6%로 예상된다. 대학교육자금은 홍범석 씨의 자녀가 대학에 입학하는 시점부터 4번에 걸쳐 매년 초 현재물가기준으로 10,000천원이 필요하다.

문 5 만약 홍범석 씨가 매년 말 정액으로 저축할 경우 저축액은 얼마인가?

문 6 만약 홍범석 씨가 매년 말 교육비상승률만큼 증액하여 저축할 경우 최초 저축액은 얼마인가?

문 7 만약 홍범석 씨가 매년 말 5%씩 증액하여 저축할 경우 최초 저축액은 얼마인가?

문 8 홍범석 씨에게 현재 10,000천원의 교육자금이 준비되어 있을 경우 매년 말 5%씩 증액하여 저축한다면 최초 저축액은?

문 9 최주항 씨는 지금 초등학교 4학년에 올라가는 아들 동은 군을 9년 후에 미국의 대학에 진학시킬 계획이며, 이를 위해 연 6% 투자상품에 매년 초 일정금액을 적립할 생각이다. 미국 대학의 교육자금은 현재물가기준으로 매년 초 24,000천원이 4년간 필요하며, 매년 5%씩 높아질 것으로 예상된다. 최주항 씨는 매년 얼마씩 적립해야 하는가?

문 10 최주항 씨는 지금 초등학교 4학년에 올라가는 아들 동은 군을 9년 후에 미국의 대학에 진학시킬 계획이며, 이를 위해 연 6% 투자상품에 매년 말 저축할 생각이다. 미국 대학의 교육자금은 현재물가기준으로 매년 초 40,000천원이 4년간 필요하며, 매년 5%씩 높아질 것으로 예상된다. 최주항 씨가 매년 4%씩 저축액을 증가시켜 투자할 경우 최초의 저축액은 얼마인가?

Chapter

09

대출금의 계산

9.1 대출과 화폐의 시간가치

많은 사람들은 빚을 지는 것을 좋아하지 않는다. 하지만 자동차 구입이나 주택 구입과 같이 큰 금액이 필요한 재무목표는 돈을 전부 모아서 해결하기는 쉽지 않기 때문에 불가피하게 대출을 이용하게 된다. 많은 대학생들은 학자금 대출을 이용해서 부족한 교육비를 해결하기도 한다. 또한 최근과 같은 저금리 상황에서는 낮은 이율로 대출을 받아 이를 높은 수익률을 올릴 수 있는 투자 대상에 투자하는 레버리지 투자의 경우도 흔히 찾아볼 수 있다. 한도를 설정해 놓고 일정 금액까지 잔고가 없어도 인출이 가능한 마이너스 통장을 사용하는 사람들도 많다. 가급적 사용하지 않는 것이 바람직하지만 급할 때 이용하는 현금서비스도 대출의 한 종류이다. 기업의 경우에도 운영자금이 필요한 경우 은행에서 차입하기도 하고, 회사채를 발행해서 자금을 조달하기도 한다. 회사채와 같은 채권도 채권자로부터 돈을 빌리는 것이기 때문에 넓은 의미의 대출에 포함된다고 볼 수 있다. 이렇듯 우리는 여러 경우에서 크고 작은 대출 서비스를 이용하고 있다. 그런데 대출이라는 것은 빚이고, 부채이므로 개인이든 기업이든 사용하는 동안에는 이자를 부담해야 되며, 언젠가는 원금을 상환하여야 한다. 그렇기 때문에 이자를 얼마나 부담해야 되며, 상환방식에 따른 원금상환액은 어떻게 되는지 등의 대출과 관련된 정확한 화폐의 시간가치 계산이 이루어져야 재무적 의사결정에 있어서 착오 없이 현명한 결정을 내릴 수 있을 것이다. 이번 장에서는 이러한 대출과 관련된 TVM 계산에 대해서 학습하도록 하겠다. 우선 대출의 종류에 대해서 먼저 살펴보도록 한다.

대출은 여러 기준으로 나누어 볼 수 있다. 담보를 제공하는지 여부에 따른 담보대출과 신용대출, 금리 적용 방식에 따라 고정금리대출, 변동금리대출, 혼합금리대출 등이 있다. 대출관련 TVM 계산에 있어서 담보유무는 중요하지 않다. 담보를 제공하면 대출이자율이 낮아지고, 그렇지 못하면 대출이자율이 올라가지만 이것은 이자율만 확인되면 대출과 관련된 내용들을 쉽게 계산할 수 있다. 고정금리 방식의 대출은 이자율 변동이 없으므로 계산이 매우 쉽다. 변동금리는 수시로 금리가 변동되어 계산과정이 번거로울 수는 있지만 매 시기의 적용 이자율만 확인이 되면 계산하는 것이 그렇게 어렵지는 않다. 대출과 관련된 화폐의 시간가치 계산에 있어 가장 영향을 많이 주는 것은 대출상환방식에 따른 것이다. 따라서 대출상환방식은 어떠한 것들이 있으며, 이것이 대출과 관련된 화폐의 시간가치 계산에 어떻게 영향을 주는지 살펴보도록 하자.

9.2 상환방식에 따른 대출의 종류

상환방식에 따른 대출은 거치후만기일시상환, 원리금균등분할상환, 원금균등분할상환 등으로 구분할 수 있다. 이외에도 거치후분할상환 등 몇 가지 방식이 더 있을 수 있지만 나머지는 언급한 방식을 조합한 것들에 불과하다. [그림 9-1]은 이 개념을 간단하게 이미지로 표현한 것이다. 짙게 표시된 부분이 원금이며 흐리게 표시된 부분이 이자를 나타낸 것이다.

그림 9-1 상환방식에 따른 대출의 종류

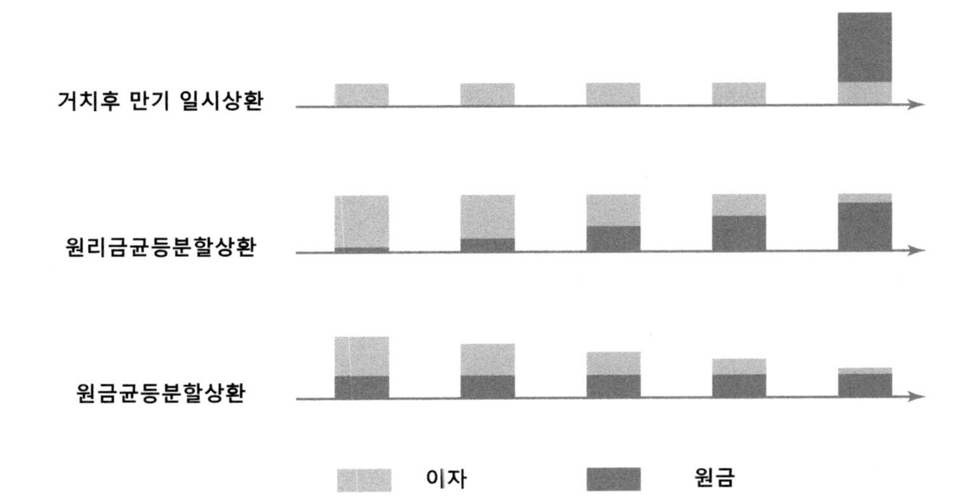

1) 거치후만기일시상환 방식

거치후만기일시상환 방식은 대출을 받고 이용하는 동안에는 원금상환을 전혀 하지 않고 이자만 부담하다가 약정 만기일에 원금을 한꺼번에 상환하는 방식이다. 이 방식은 대출 이용기간 동안 원금이 그대로 유지되기 때문에 부담하게 되는 이자 총액이 가장 큰 상환방식이다. 왜냐하면 이자는 남아있는 원금에 대해서 부담하게 되기 때문이다. 재무계산을 하는 입장에서는 중간에 원금이 줄어들지 않기 때문에 이자계산만 하면 되므로 계산이 매우 쉽다.

2) 원리금균등분할상환

이 방식은 원리금(=원금상환액과 이자를 합한 금액)을 매 주기(일반적으로 매월) 균등하게 나누어 정액으로 상환하는 방식이다. 이 상환방식의 특징은 매월 갚는 금액이 일정하므로 현금흐름 예측이 가능하다는 것이다. '정액'이라는 표현이 있는 만큼 PMT로 계산할 수 있다. 하지만 단점을 꼽자면 정액으로 상환하는 금액 중에 포함된 이자와 원금 금액이 매월 달라지는데 각각 얼마인지 알기 어렵다는 점이 있다. 우리는 이 문제를 재무계산기를 통해 해결해 보도록 하겠다.

3) 원금균등분할상환방식

원금균등분할상환방식은 최초에 대출받은 원금을 대출 상환기간으로 나누어 매 주기(일반적으로 매월) 상환하는 방식이다. 이 경우 매월 원금상환액은 동일하고, 상환되는 금액만큼 원금이 줄어들게 되므로 이자부담액이 매월 달라지는 구조이다. 따라서 매 기간 상환금액은 시간이 경과할수록 지속적으로 감소하게 된다. 이 방식은 원리금균등분할상환방식이나 거치후만기일시상환방식에 비해 상대적으로 이자부담액이 적다는 장점이 있다.

위의 세 가지 대출방식으로 대출을 할 때 단순히 이자 비교를 해보자. 연 5% 이율로 10,000,000원을 대출하는 경우를 가정해보자. 거치후만기일시상환 방식은 10,000,000원을 대출하고 1년 동안 이자만 납부하다 만기에 원금을 상환하기 때문에 매월 부담하는 이자금액은 매월 41,667원(=10,000,000원×연 5%÷12개월)이 된다. 이 금액의 이자를 계속 납부하다가 마지막에 원금 10,000,000원을 상환하면 되는 것이다. 따라서 총 이자 부담액은 41,667원×12회=500,000원이다.

원리금균등분할상환방식과 원금균등분할상환방식으로 상환하는 경우는 매월 원금금액 또는 이자금액이 변동될 수 있으므로 이를 정리해 놓은 [표 9-1]을 이용해서 살펴보도록 하자. 표에서 볼 수 있듯이 원리금균등분할상환방식은 상환액이 856,075원으로 매월 동일하다. 이때 각 기간별 상환원금과 이자는 각각 변동되는 것을 살펴볼 수 있다. 반면 원금균등분할상환방식은 매월 원금이 833,333원으로 일정하고 이자가 계속 감소되어 상환금액이 후반으로 갈수록 감소하는 것을 볼 수 있다. 이러한 상환방식에 따른 이자부담금의 총액은 다음과 같이 나타낼 수 있다.

원금균등분할상환 < 원리금균등분할상환 < 거치후만기일시상환

표 9-1 대출상환방식에 따른 원리금 부담액(원금: 10,000천원, 연 5%)

기간	원리금균등분할상환			원금균등분할상환		
	원금	이자	월상환액	원금	이자	월상환액
1	814,408	41,667	856,075	833,333	41,667	875,000
2	817,802	38,273	856,075	833,333	38,194	871,528
3	821,209	34,866	856,075	833,333	34,722	868,056
4	824,631	31,444	856,075	833,333	31,250	864,583
5	828,067	28,008	856,075	833,333	27,778	861,111
6	831,517	24,558	856,075	833,333	24,306	857,639
7	834,982	21,093	856,075	833,333	20,833	854,167
8	838,461	17,614	856,075	833,333	17,361	850,694
9	841,954	14,121	856,075	833,333	13,889	847,222
10	845,462	10,612	856,075	833,333	10,417	843,750
11	848,985	7,090	856,075	833,333	6,944	840,278
12	852,523	3,552	856,075	833,333	3,472	836,806
계	10,000,000	272,898	10,272,898	10,000,000	270,833	10,270,833

9.3 대출금 계산의 일반적인 특징

본격적인 계산에 앞서 대출금 TVM 계산의 특징들을 정리하도록 한다. 대출금의 TVM 계산은 기본적으로 다음과 같은 규칙을 적용해서 풀면 된다.

① 최초에 대출 원금은 PV로 설정
② 해당 대출에 적용되는 금리를 I 로 설정
③ 대출기간은 N 으로 설정
④ 매 기 상환금액은 PMT로 설정
⑤ 전체 원금과 이자의 합계 금액=PMT×N
⑥ 총 부담 이자금액=(PMT×N)－대출원금

이외에 일정 기간(N) 경과 후 남아있는 대출의 잔액을 구하는 문제, 특정 시점에서의 원금과 이자 구성 등을 묻는 문제 등이 제시될 수 있는데 이에 대해서는 앞으로 사례를 풀이하며 하나씩 학습하도록 하겠다.

| 연습 1 | 20＊1년 1월초에 동훈은 주택담보 대출로 1,000,000천원을 차입하여 주택을 구입하였다. 주택담보 대출은 연이율 9% 월복리의 고정금리이며 10년 동안 매월 초 원리금을 균등상환하는 조건이다. 매월 갚아야 될 금액은?

이 문제는 고정금리, 원리금균등분할상환 조건의 대출상환금액을 묻는 문제로 가장 전형적인 대출금 계산 문제 형태이다. 위의 원칙을 적용해서 문제를 풀면 다음과 같다.

[BGN] 1,000,000 **PV**, 10×12= **N**, 9÷12= **I/Y**

CPT **PMT** －12,573.278

만약 매월 말 상환조건이라고 하면 **2ND** [BGN] **2ND** [SET] **2ND** [QUIT] **CPT** **PMT** －12,667.577의 값을 구할 수 있다.

9.4 일시상환방식과 원금균등분할상환방식 대출 계산

9.4.1 거치후 일시상환방식의 계산

앞의 [표 9-1]에서 설명한 바와 같이 거치후 일시상환방식에서는 특별히 계산할 것이 많지 않다. 특히 고정금리의 경우에는 더욱 그러하다. 예를 들어 연4.0%의 금리가 적용되는 거치후 일시상환 조건으로 50,000천원을 빌렸다고 가정하자. 만약 이 대출이 매월 이자 정산 방식이라고 하면 부담하게 되는 월 이자금액은 50,000천원 ×4%÷12=166.667천원이 된다. 즉 이 대출을 이용하고 있는 기간 중에는 매월 166,667원의 이자를 내고, 상환하게 되는 날 원금 50,000천원과 정산되지 않은 이자를 계산해서 함께 상환하면 된다.

만약 변동금리가 적용되는 경우에는 어떻게 될까? 금융기관이나 대출 상품 종류에 따라 달라질 수 있지만 변동금리는 보통 월 단위로 이자율이 결정된다. 위 예시의 대출상품의 금리가 고정금리가 아니라 변동금리 조건인데 20×1년 3월 이자율이 시중금리의 인상으로 인하여 연 4.0%에서 연 4.2%로 인상되었다고 가정해보자. 그러면 이 달에 부담하여야 되는 이자금액은 원금 50,000천원×4.2%÷12=175.000천원으로 달라지는 것이다.

※ 거치후만기일시상환방식 대출금 계산 : 매월 이자납부 조건

- 월 부담 이자금액=남은 원금×대출금리(연)÷12
- 대출 잔액=대출 원금(만기일 이전까지 동일)

이와 같이 일시상환방식의 대출은 거치기간 중에는 원금에 적용되는 이율과 직전 정산 시점 이후 남은 미정산 기간을 확인하여 이자정산을 하면 되고, 계약 종료일에는 원금을 상환하는 것으로서 더 이상의 계산을 필요로 하지 않는다.

▌9.4.2 원금균등분할상환방식의 계산

원금균등분할상환방식은 이름에서 알 수 있듯이 '원금'을 '균등'하게 '분할'하여 '상환'하는 방식이다. 예를 들어 60,000천원을 5년 동안 매월 균등분할 상환하기로 약정을 하였다면 다음과 같이 계산하면 된다.

※ 원금균등분할상환방식 대출금 계산(매월 이자 및 원금납부 조건)

- 월 부담 원금＝최초 대출원금÷대출기간(월)
- 대출 잔액＝대출 원금－(월 부담 원금×상환한 기간)
- 월 부담 이자금액＝대출 잔액×대출금리(연)÷12

앞의 [표 9－1]의 사례를 생각해보자. 원금 10,000천원, 12개월 원금균등분할상환 조건, 금리 연 5%

- 매월 부담 원금＝10,000천원÷12(월)＝833.333천원
- 대출 잔액 : 매월 달라짐. 만약 3회 상환 후 잔액을 구한다면
  ＝10,000천원－(833.333천원×3)＝7,500천원
- 월 부담 이자금액 : 매월 달라짐. 만약 3회 상환 후 4회차 이자는
  ＝7,500천원×0.05÷12＝31.250천원

이와 같이 원금균등분할상환의 경우에도 쉽게 계산할 수 있다.

▌연습 2▐ 20,000천원을 36개월 원금균등분할상환 조건으로 대출을 받았다. 금리는 연 5%일 때, 매월 부담하는 대출원금액, 4번째 상환 직후 남은 대출잔액, 4번째 상환총액과 이 중에 이자가 얼마인지 구하시오.

- 매월 부담 원금＝20,000천원÷36＝555.556천원
- 대출 잔액＝20,000천원－(555.556×4)＝17,777.778천원
- 4번째 이자금액＝(17,777.778＋555.556)×0.05÷12＝76.389천원
  → 4번째 이자 대상 원금은 3번째 상환 후 대출 잔액
- 4번째 상환총액＝555.556＋76.389＝631.945천원

9.5 원리금균등상환방식 대출의 계산

앞에서 살펴봤듯이 거치후일시상환방식과 원금균등분할상환방식 대출은 굳이 재무계산기를 이용하지 않더라도 그 구조만 잘 이해하고 있다면 대출이자, 대출상환금, 대출 잔액 등을 쉽게 계산할 수 있다. 대출금과 관련된 계산을 할 때 가장 자주 빈번하게 등장하고 재무계산기가 제 역할을 해주는 것은 바로 원리금균등상환방식 대출의 계산이다. 사례들을 살펴보면서 그 원리를 이해해 보도록 하자.

❙ 연습 3 ❙ 고아라 씨는 20,000천원을 은행에서 융자받아 2년 동안 매월 말 일정금액씩 갚고자 한다. 이자율이 연 12%라고 가정하면 고아라 씨가 2년 동안 매월 갚아야 할 금액은 얼다인가?

- 대출원금(PV) = 20,000천원
- 대출기간(N) = 2년 × 12(개월) = 24(개월)
- 대출이율(I) = 12% ÷ 12

[END] 20,000 **PV**, 2×12 = **N**, 12÷12 = **I/Y**

CPT **PMT** **−941.469천원**

원리금균등분할방식의 대출은 최초 대출원금(PV)과 대출기간(N), 적용금리(I)를 알면 매 기에 상환해야 하는 상환금액(PMT)을 쉽게 산출할 수 있다.

❙ 연습 4 ❙ 이서경 씨는 부족한 사업자금 마련을 위해 100,000천원의 대출을 받았다. 이 대출의 조건은 5년 만기, 매년 말 원리금균등분할상환, 이자율 연 5%이다. 이서경 씨는 2년차까지 성실하게 원금과 이자를 상환하였는데, 그 시점에서 ⓐ대출 잔액과 ⓑ상환한 이자금액과 ⓒ상환한 원금, ⓓ총 상환금액이 궁금해졌다. 이를 각각 계산하도록 하시오.

우선 대출금 계산에 대한 기본적인 이해를 증진시키기 위하여 다소 원시적인 방법으로 계산해 보도록 하겠다. 우선 매년 상환해야 하는 PMT 값을 구하도록 한다.

[END] 100,000 **PV**, 5 **N**, 5 **I/Y**, **CPT** **PMT** −23,097.480

① 1차 년도의 이자를 구한다.

→ 100,000×0.05=5,000

② 1차 년도의 상환 원금을 계산한다.

→ 매년 상환금액(PMT)−1차 년도 이자

=23,097.480−5,000=18,097.480

③ 1차 년도 상환 후 대출 잔액을 계산한다.

→ 최초 대출원금−1차 년도 상환 원금

=100,000−18,097.480=81,902.520

④ 2차 년도에 해당되는 이자금액

=1차 년도 말 대출 잔액×대출 이율

=81,902.520×0.05=4,095.126

⑤ 2차 년도의 상환 원금

=매년 상환금액(PMT)−2차 년도 이자

=23,097.480−4,095.126=19,002.354

⑥ 2차 년도 상환 후 대출 잔액

=1차 년도 상환 후 대출 잔액−2차 년도의 상환 원금

=81,902.520−19,002.354=62,900.166

위의 ①~⑥의 계산을 바탕으로 문제의 답을 계산하면 다음과 같다.

ⓐ 대출 잔액=⑥ 2차 년도 상환 후 대출 잔액=62,900.166

ⓑ 상환한 이자금액=① 1차 년도 이자+④ 2차 년도 이자

=5,000+4,095.126=9,095.126

ⓒ 상환한 원금=② 1차 년도 상환 원금+⑤ 2차 년도 상환 원금

=18,097.480+19,002.354=37,099.834

ⓓ 총 상환금액=PMT×2=23,097.480×2

| 연습 5 | 고아라 씨는 20,000천원을 은행에서 융자받아 매월 말 일정금액을 갚고 있다. 매월 계산된 금액만큼 갚는다면 4번째 상환 직후 은행에 남아있는 대출금액은 얼마인가? (이자율 연 12%, 2년 상환 조건)

이 문제는 [연습 4]와 마찬가지로 일정 기간이 경과한 후에 대출 잔액을 묻는 문제이다. 앞에서 학습을 했듯이 원리금균등분할상환 방식의 대출은 매 주기마다 상환해야 되는 금액이 일정하기 때문에 현금흐름을 예측하기 좋다는 장점이 있지만, 그 일정한 금액에 각각 이자와 원금이 얼마인지를 구분하는 것은 쉽지 않다. 따라서 [연습 4]와 같이 복잡한 과정을 거쳐야지만 대출 잔액이 얼마인지 알 수 있다. 하지만 대출 계산 구조를 이해하고 재무계산기를 활용하면 이를 쉽게 구할 수 있다.

그림 9-2 일정 시점의 대출 잔액 계산 구조

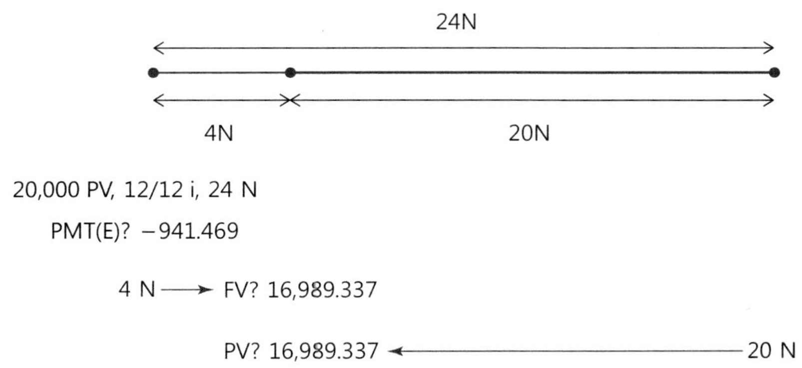

먼저 PMT 값을 구한 뒤 우리가 알고자 하는 시점을 입력하고 FV 값을 계산하면 해당 시점의 대출 잔액을 구할 수 있다. 다음과 같이 재무계산기를 입력하면 아주 간편하게 계산을 할 수 있는 것이다.

[END] 20,000 **PV** , 2×12= **N** , 12÷12= **I/Y**

CPT **PMT** −941.469 계산 후

4 **N** **CPT** **FV**

이 때 PMT 값까지 계산한 후에 상환한 기간을 입력하고 FV를 계산하거나, 남아 있는 상환 기간을 입력하고 PV를 계산하여도 같은 값(대출 잔액)을 구할 수 있음을 유념하도록 한다.

또한 재무계산기의 AMORT 계산 기능을 사용해서 구할 수도 있다.

[END] 20,000 PV, 2×12= N, 12÷12= I/Y CPT PMT

2ND [AMORT] P1=1 ENTER ↓, P2=4 ENTER ↓

BAL=16,989.338

여기서 [AMORT] 기능은 PV 버튼 위에 있으므로 2ND 누르고 PV 를 누르면 활성화 되며, P1은 처음 대출금을 상환하는 회차, P2는 계산하고자 하는 시점의 상환 회차를 의미한다. 따라서 위 예제는 P1은 1, P2는 4가 되는 것이다. P1과 P2에 해당되는 값을 입력하고 ENTER ↓를 누르면 BAL이 나오는데 이는 대출 잔액(Balance)을 의미한다. ↓를 한 번 더 누르면 화면에 PRN이 표시되며 −3,010.662라는 값이 표시되는데 이것은 4차월까지 상환한 원금(Principal)을 의미한다. 그리고 ↓를 한 번 더 누르면 INT=−755.214가 표시되는데 이것은 4차월까지 상환한 이자금액(Interest)의 값이다. 이렇듯 [AMORT] 기능을 사용하면 대출과 관련된 여러 문제를 한꺼번에 해결할 수가 있다.

이러한 기능을 이용해서 [연습 4]를 다시 풀어보자.

대출원금 100,000천원, 5년 만기, 매년 말 원리금균등분할상환, 이자율 연 5%일 때 2년 말 시점에서 ⓐ 대출 잔액, ⓑ 상환한 이자금액, ⓒ 상환한 원금, ⓓ 총 상환금액을 구하는 문제였다.

[END] 100,000 PV, 5 N, 5 I/Y, CPT PMT −23,097.480

2 N CPT FV 62,900.166

또는 [AMORT] 기능 이용하여 일괄 계산

[END] 100,000 PV , 5 N , 5 I/Y , CPT PMT

2ND [AMORT] P1=1 ENTER ↓, P2=2 ENTER ↓

BAL=62,900.166 ↓ (ⓔ 대출 잔액)

PRN=−37,099.834 ↓ (ⓒ 상환 원금)

INT=−9,095.126 (ⓑ 상환한 이자)

총 상환금액(ⓓ)은 23,097.480×2=46,194.960

9.6 대출금 계산 사례

앞에서 학습한 대출금 계산의 주요한 특성을 이용한 응용문제들을 풀어보도록 하겠다.

| 연습 6 | 오소영 씨는 금융전문가인 당신을 찾아와서 상담을 실시하였다. 소영 씨는 현재 신용카드로 대출을 실시한 상태이다. 할부금액은 기간 3년에 연 12% 월복리 이율, 매월 말 원리금균등분할상환 방식을 택했고, 1년이 지나 총 12회를 상환한 현재 대출은 7,000천원이 남았다. 소영 씨가 차입한 대출 총금액은 얼마인가?

이 문제는 앞에서 학습한 일정 시점에서의 대출 잔액을 묻는 문제와 달리 거꾸로 대출 잔액을 알려주고 대출원금을 물어보는 문제이다. 얼핏 보면 당황스러울 수도 있는 문제이나 대출 형식에 대해서 이해하고 있으면 쉽게 해결할 수 있다. 원리금균등분할 상환방식의 특징은 무엇인가? 매 주기 원리금 상환금액이 동일하다는 것이다. 이것을 이해하고 있으면 다음과 같이 풀어볼 수 있다. 총 36회 상환 기간 중 12회를 상환했으니 남은 기간은 24회이다. 그리고 현재 시점에서 대출 잔액이 7,000천원이다. 즉 지금 시점에서의 대출 원금은 이 잔액이 되는 것이고, 남은 기간을 기준으로 PMT 값을 계산하면 된다.

[END] 7,000 PV, 24 N, 12÷12= I/Y, CPT PMT

−329.514 PMT, 36 N, 12÷12= I/Y, CPT PV

최초 대출원금은 9,920.854천원

PMT 값을 구한 뒤에는 원래 대출 기간을 입력하고 PV 값을 산출하면, 그것이 최초 대출원금이 된다.

| 연습 7 | 김영규 씨는 1년 전 모기지론 100,000천원을 대출기간 20년, 금리 6.5% 월복리, 매월 말 원리금 균등분할 상환조건으로 대출 받았다. 지난 1년 동안 모기지 상환금이 8,201천원일 경우 모기지론 잔액은 얼마인가?

우선 대출조건이 전부 충족되어져 있으므로 PMT 값을 계산하도록 한다.
[END] 100,000 PV, 20×12= N, 6.5÷12= I/Y, CPT PMT
−745.573
그런데 1년 동안 상환한 모기지 상환금이 8,201천원이므로 정확한 상환 횟수를 확인하기 위하여 이 값을 PMT로 나누어 본다.
8,201÷745.573=11
따라서 지난 1년 동안 상환한 횟수는 12회가 아니라 11회임을 알 수 있다. 그렇다면 11개월 동안 상환한 후에 남은 대출 잔액을 계산하면 되겠다.
11 N, CPT FV **97,695.284**

| 연습 8 | 다음 지문을 읽고 20∗7년 8월 31일 현재 정수진 씨가 상환한 부동산 담보대출금의 원금상환액과 자동차 할부대출금의 최초 대출금액을 구하시오.

정수진 씨 20∗7년 8월 31일 현재 주요 재무정보
- 주거용 주택 250,000천원
- 최초 부동산 담보대출 금액 : 150,000천원
  - 최초 대출일 20∗3년 8월 31일

- 연 이율 6.0%
- 3년 거치 17년간 매년 말 원리금 균등분할조건
- 거치기간 동안은 이자만 납부

• 자동차 할부자금 대출잔액 : 8,000천원
- 최초 대출일 : 20 * 5년 8월 31일, 연7% 월복리
  3년 매월 말 원리금 균등분할상환

이 문제는 하나의 문제이지만 각각 다른 두 가지의 대출과 관련된 계산을 요구하고 있다. 이렇게 실제 날짜가 제시되고 조건이 복잡한 경우에는 앞에서도 언급한 바와 같이 타임라인을 그려서 혼선을 방지하는 것이 좋다.

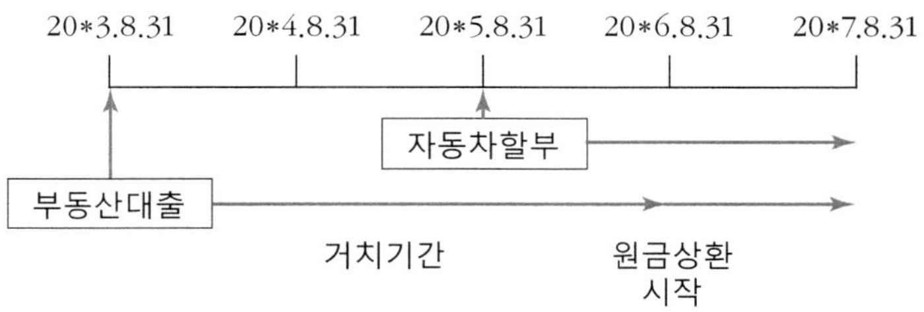

① 부동산 담보대출금의 원금상환액

부동산 담보대출은 4년 전에 이루어졌지만 초기 3년은 거치기간으로 이자만 부담하고, 실제 원금상환이 시작된 것은 1년 전부터이다. 따라서 1년이 경과한 시점의 대출 잔액을 구하면 되겠다.

[END] 150,000 **PV** , 17 **N** , 6 **I/Y** , **CPT** **PMT**

1 **N** , **CPT** **FV** 144,683.279

원금상환액 = 최초 대출원금 − 대출 잔액 = 150,000 − 144,683.279

② 자동차 대출의 최초 대출금액

현재 24회를 상환하고 남은 잔액은 8,000천원. 이를 이용해서 PMT 계산

[END] 8,000 **PV** , 12 **N** , 7 ÷ 12 = **I/Y** , **CPT** **PMT**

−692.214 **PMT** , 36 **N** , 7 ÷ 12 = **I/Y** , **CPT** **PV** 22,418.363

연습문제 *Exercise*

※ 다음 문제들을 재무계산기를 사용하여 풀이하시오.

문 1 이서경 씨는 대출을 받아 1,000,000천원 상당의 아파트를 구입하려고 한다. 구입대금의 10%는 아파트 구입 시 현금으로 지불하고, 남은 자금을 30년 만기, 매년말 원리금균등상환, 연 4%의 이자율로 대출받을 예정이다. 이서경 씨가 아파트 구입 후 1년 후부터 매년 지불해야 하는 금액은 얼마인가?

문 2 정병선 씨는 2025년 1월초에 모기지대출로 1,000,000천원을 차입하여 주택을 구입하였다. 모기지대출은 연 9%의 고정금리이며 10년 동안 매월 말 원리금을 균등상환하는 조건이었다. 그런데 정병선 씨는 2026년 12월 중순경에 로또에 1등으로 당첨되어 상금 13억을 받았다. 정병선 씨가 상환예정일인 12월 말일에 대출전액을 완전히 상환하기 위해 납부해야 하는 총금액은 얼마인가?

문 3 김영수 씨가 100,000천원을 대출 받아 앞으로 30년 동안 매년 말 일정 금액씩 갚고자 한다. (이자율 : 연 10%)

① 김영수 씨가 매년 갚아야 할 금액은 얼마인가?
② 5번째 상환 직후 은행에 빚진 금액은 얼마인가?
③ 5번째 상환 직후 그동안 상환한 원금은 얼마인지 구하시오.
④ 5번째 상환 직후 그동안 상환한 이자를 구하시오.
⑤ 김영수 씨가 이 대출을 전부 상환할 때까지 총 부담하여야 되는 원금과 이자의 합계 금액은 얼마인가?

문 4 한영균 씨는 5년 전 집을 담보로 200,000천원을 대출받았다. 3년 거치 17년 매년 말 원리금균등 상환조건이며, 이율은 연 5%이다. 현재까지 상환한 부동산 담보대출금의 원금상환액은 얼마인가?

문 5 김선호 씨는 200,000천원을 대출받아 매년 말 2,000만원씩 상환하고 마지막에는 잔액을 갚기를 원한다. 대출 이율은 연 4.5%일 때, 앞으로 몇 년 동안 대출을 갚아야 되는가? 또 마지막 상환액은 얼마인가?

문 6 류수한 씨는 오늘 12,000천원에 해당하는 경차를 할부로 구입하였다. 할부는 36개월 분할상환 조건인데, 차 값은 매달 말에 300천원을 지급하고 잔액은 36개월째에 일시금으로 지급할 예정이다. 이율이 연 8.5% 월복리일 때 마지막 상환액은 얼마인가?

문 7 이영복 씨는 성북구 소재 현재 시가 500,000천원의 아파트에 거주하고 있다. 은퇴 후 생활비로 아파트를 담보로 300,000천원의 역모기지 론을 이용하고자 한다. 이영복 씨가 향후 20년간 매월 말 수령할 수 있는 금액은 얼마인가? 모기지론 이율은 연 3%이다. 참고로 역모기지 론은 거주하고 있는 주택을 팔지 않고, 이 집을 담보로 금융기관으로부터 일정기간 동안, 일정금액을 연금 방식으로 지급받는 장기주택저당대출을 말한다.

문 8 박재욱 씨는 대출이 남아있는 자동차를 인계 받아서 사용하려고 한다. 대출 조건은 3년 만기, 매월 말 원리금균등분할상환 조건, 연 10% 월복리이고, 현재까지 25회차 상환한 상황이었다. 앞으로 11회만 더 상환하면 자동차 대출이 끝나고, 현재 남은 대출 잔액이 5,000천원이라서 박재욱 씨는 차량 인수를 결심하였다. 이 자동차 대출의 최초 대출금액은 얼마인가?

문 9 3년 만기 매월 말 원리금균등분할상환 대출을 받았다. 1년이 지난 현재 대출 잔액이 6,500천원이 남아있다면 최초 대출받은 금액은 얼마인가? 이 대출의 금리는 연 8% 월복리이다.

문 10 송승환 씨는 연 5%, 매년 말 원리금균등상환조건으로 대출을 받고 5년 동안 20,000천원씩 상환하기로 했다. 송승환 씨가 대출받은 원금은 얼마이며, 부담하게 된 원금과 이자의 합계액은 얼마인지 구하시오.

Chapter
10
은퇴자금의 계산

10.1 은퇴자금의 특징

우리는 언젠가 일자리에서 물러나게 될 것이고, 이로 인해 소득이 중단되거나 현저하게 감소될 것이다. 따라서 소득이 발생되는 기간에 은퇴 이후를 미리 준비하여 따로 자산을 만들고, 이렇게 형성된 자산을 활용하여 노후기간을 보내게 될 가능성이 크다. 이렇게 소득기간에 은퇴 이후를 대비해서 준비하는 자금이 '은퇴자금'이고 이를 '노후자금'이라고도 표현한다. 현대사회에서 은퇴준비가 절실하게 필요한 이유는 크게 세 가지로 정리할 수 있다.

첫 번째는 인구통계학적인 요인이다. 1명 미만의 낮은 출산율로 인한 저출산사회, 65세 인구가 전체 인구의 14%를 넘는 고령사회, 평균수명의 증가로 길어져만 가는 은퇴기간 등이 바로 그것이다.

두 번째는 사회경제적인 요인을 들 수 있다. 국민연금 등 공적연금의 재원이 부족하거나 고갈될 것이란 예상이 나오고 있으며, 노인인구의 증가로 인해 노후부양비는 지속적으로 증가될 것이 예상된다. 또한 최근 1950년대 후반과 60년대 초반에 태어난 베이비부머 세대가 본격적인 은퇴를 시작함으로써 은퇴인구 층이 더욱 두터워지고, 사회전반의 노화가 빠르게 진행되고 있다. 아울러 저금리가 지속되어 저축을 통해 은퇴자금을 형성하는 것도 쉽지 않은 실정이다.

세 번째는 사람들의 가치관 변화이다. 과거에는 단순한 의식주의 해결이 최우선과제였다면, 경제 발전으로 인하여 최근에는 무엇보다 삶의 질을 중요시하는 사회로 전환되었다. 이러한 이유로 은퇴준비는 그 어느 때보다 중요한 재무목표가 되었다.

국가에서도 국민들의 노후가 원만하게 준비되고, 은퇴 이후의 삶이 안정적으로 유지될 수 있도록 하기 위하여 다양한 정책과 제도를 도입 및 운영하고 있다. 우리나라는 국민들의 노후에 필요한 소득을 보장하기 위해 국가-기업-개인의 '3층 연금 구조'를 채택하고 있다. 이를 그림으로 나타내면 [그림 10-1]과 같다.

그림 10-1 우리나라의 3층 연금구조

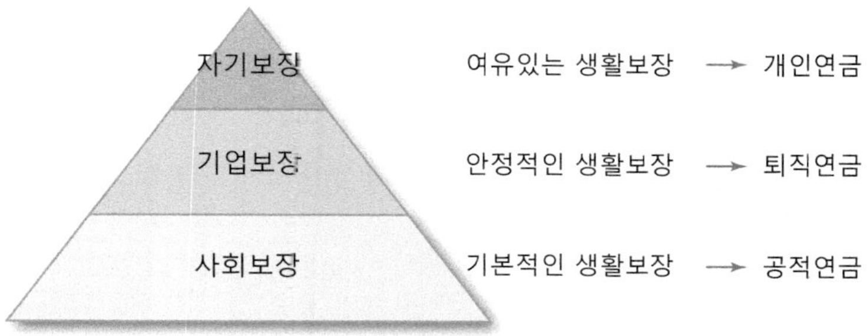

여기서 1층에 해당되는 국가(사회)보장은 기본적인 의식주의 해결을 목표로 한다. 공적연금이라 불리는 국민연금, 공무원연금, 사립학교교직원연금, 군인연금 등의 제도가 여기에 해당된다.

두 번째 층인 기업보장은 안정적인 생활보장을 추구하며 퇴직연금이 여기에 해당된다.

끝으로 세 번째 층인 자기보장(개인보장)은 1, 2층의 연금제도를 보완하며 여유 있는 생활을 목표로 한다. 개인연금, 연금저축, 연금보험등이 여기에 해당된다.

은퇴자금 준비를 위해서는 앞서 설명한 3층 연금구조에 대한 이해가 전제되어야 한다. 은퇴자금이 전부 연금의 형태로 준비된다고 볼 수는 없지만 은퇴 준비의 가장 근간이 되는 제도이므로 이에 대한 깊은 이해가 필요하다. 또한 다양한 연금 상품에 대한 이해도 필요하다. 상품마다 이자부리조건, 세금 우대 혜택 여부 등이 달라 같은 금액을 저축한다고 해도 은퇴 이후에 받는 연금액은 크게 달라질 수 있기 때문이다. 다만 본 과정은 은퇴자금의 계산에 초점이 맞추어져 있으므로 모든 제도와 상품에 대해 상세하게 학습하기에는 한계가 있다. 따라서 본 과정에서는 연금과 관련된 기본 개념을 이해하는데 초점을 맞추고, 각 제도들이 갖는 특징은 별도의 과정에서 학습하기 바란다.

10.2 연금의 구분

구체적인 연금 상품별 특징에 대해서는 본 과정에서 상세하게 다루기는 어렵다고 전제하였다. 다만 은퇴자금의 재무계산에 있어서 빈번하게 등장하는 연금과 관련된 기본적인 구분과 개념은 익혀둘 필요가 있다.

10.2.1 관리주체에 따른 분류

첫 번째로 공적연금이다. 여기에는 국민연금, 공무원연금, 사립학교교직원연금, 군인연금 등이 해당되며 수령하게 되는 연금액은 물가상승률을 고려하여 조정되므로 현재가치가 유지된다는 특징이 있다.

두 번째 퇴직연금이다. DC(확정기여)형, DB(확정급여)형, IRP(개인형퇴직계좌) 등이 해당되며 자세한 내용은 생략하도록 한다.

세 번째 개인연금이다. 개인연금의 종류는 크게 세제적격연금과 세제비적격연금으로 나누어 볼 수 있다. 세제적격연금에는 개인연금저축과 연금저축이 해당되며, 세제비적격연금은 종류가 굉장히 다양한데 금리연동형연금, 변액연금, 지수연계형연금 등이 있을 수 있다.

10.2.2 연금 지급액에 따른 분류

첫 번째 정액연금(또는 정액형 연금)은 앞에서도 언급했듯이 일정한 금액이 일정 주기마다 지급되는 연금이다. 금액 변동이 없으므로 현금흐름 예측이 용이하지만 물가상승에 취약하다는 단점이 있다.

두 번째 체증연금(또는 체증형 연금). 이 연금은 일정 주기마다 연금액이 증가하는 연금이다. 체증방식에 따라 정률형과 정액형으로 나누어 볼 수 있다. 정액연금 대비 물가상승에 대비하기가 용이하다.

세 번째 체감연금(또는 체감형 연금). 이 연금은 일정 주기마다 지급되는 연금액이 일정률 또는 일정액만큼 감소하는 연금이다. 무한정 연금액을 줄일 수는 없으므로, 일반적으로 최저액 또는 체감 횟수가 설정되어 있다. 이 연금 방식은 은퇴 직후에 지출이 집중되고, 시간이 경과할수록 지출이 점차 감소할 것으로 예상되는 경우에 유용하다.

10.2.3 연금 지급 기간에 따른 분류

첫 번째 확정연금(또는 확정형 연금). 이 연금은 지급기간이 10년, 20년, 70세 등과 같이 미리 결정되어 있는 연금이다. 해당되는 기간 동안 연금이 지급되므로 현금흐름 예측이 용이하다는 것과 해당 기간 내에 사망하는 경우에는 상속인들에게 남은 연금이 지급된다는 장점이 있지만, 확정 기간을 초과하여 장수하는 경우에는 연금 중단으로 인해 소득원 확보에 어려움을 겪을 수도 있다.

두 번째 종신연금(또는 종신형 연금). 이 연금은 연금수령 대상자가 생존해 있다면 그 기간을 따지지 않고 지속적으로 지급하는 연금이다. 따라서 이 연금방식은 평균수명이 급속하게 증가하고 있는 장수시대에 대응하기 좋은 방식이나, 확정형 대비 연금액이 적다는 단점이 있을 수 있다. 또한 연금개시 후 조기 사망 시 연금재원이 소멸되는 순수종신형의 경우에는 납입한 연금 보험료를 다 돌려받기 힘들다는 단점이 있으며, 이를 극복하기 위해 연금수령 대상자가 조기 사망해도 일정 기간까지는 지급을 보증하는 보증기간부 종신연금도 있다.

세 번째 상속연금(또는 상속형 연금). 이 연금은 연금적립금을 연금 지급에 사용하지 않고, 적립금에서 발생되는 이자만을 수령하다 연금수령 대상자가 사망하는 경우 적립금을 상속인에게 상속하여 주는 방식이다.

네 번째 영구연금. 이 연금은 상속연금과 기본적인 구조는 같다. 즉 적립금의 이자를 영구적으로 수령하는 방식인데 실제 상품에서는 존재하지 않는다.

이외에도 연금수령자가 1명인 개인형 연금(단생연금), 2명 이상인 연생연금 등이 있으며, 연생연금 중 부부를 대상으로 하는 부부형 연금은 둘 중 한 명이 사망하여도 남은 한명이 사망할 때까지 연금이 지급되는 특징이 있다.

10.3 은퇴자금 재무계산의 특징

은퇴자금은 앞에서 학습한 다른 재무목표와 구분되는 여러 가지 특성을 가지고 있다.

① 초장기간에 거쳐 이루어지는 재무목표
→ 은퇴자금 계획 수립은 재무목표 중 가장 오랜 기간을 대상으로 한다.

② 은퇴시점, 사망시점 등 불확실한 미래에 대한 예측이 전제됨
→ 누구도 알 수 없지만 최대한 합리적인 예측치 사용

③ 은퇴자금을 적립하는 기간과 이를 사용하는 기간이 나뉨
→ 각 기간에 따른 재무계산이 이루어져야 됨

④ 물가상승률, 은퇴 전 / 후 투자수익률 등 변수가 다양함

⑤ 가족 구성 현황에 따라 계획 변동 가능성이 큼
→ 부양가족 유무, 자녀지원 여부 등에 따라 계획에 차이 발생

⑥ 정확한 계산을 위해서는 소득세에 대한 이해 필요
→ 연금은 대부분 세제 지원 혜택이 있으나 종류에 따라 상이함

이와 같이 은퇴자금 계산은 다른 재무목표보다 고려할 사항이 많다. 이를 그림으로 표현하면 다음 [그림 10-2]와 같다.

그림 10-2 은퇴자금의 구조

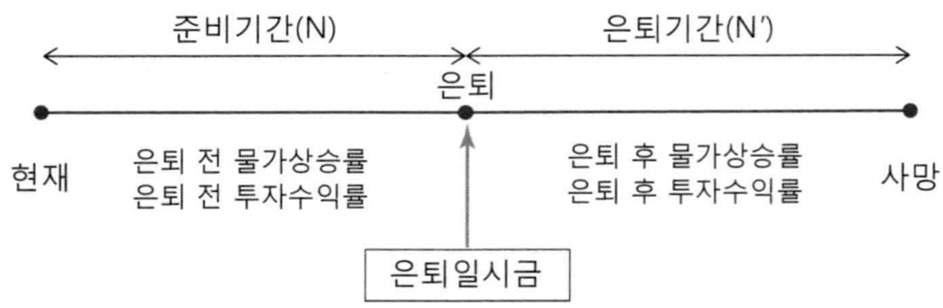

10.4 은퇴자금 계산 기초

앞에서 학습한 TVM 계산 방법들을 응용하면 기초적인 은퇴자금 계산을 할 수 있다. 기초적인 몇 가지 문제들을 풀어보며 앞의 학습내용을 복습해 보도록 하자.

연습 1 40세인 김철호 부장은 은퇴생활자금으로 60세부터 국민연금을 제외하고 현재가치기준으로 매월1,500천원을 필요로 한다. 물가상승률이 연 2.5%라면 20년 후 첫 달에 필요한 금액은 얼마인가?

−1,500 PV , 20 N , 2.5 I/Y , CPT FV **2,457.925천원**

현재 1,500천원의 생활비를 물가상승률을 고려해서 계산해보면 20년 후에는 2,457.925천원이 되어야 한다는 가장 기본적인 은퇴자금 관련 계산이다.

연습 2 65세인 김영광 씨는 올해 말부터 10년 동안 10,000천원씩 정액으로 받는 개인연금 상품이 있다. 물가상승률이 연 1.5%일 때, 이 상품의 현재가치를 계산해 보시오.

[END] 10,000 PMT , 10 N , 1.5 I/Y

CPT PV **−92,221.846천원**

이 문제는 다음과 같이 변형해서 생각해 볼 수도 있다.
65세인 김영광 씨는 올해 말부터 10년 동안 10,000천원씩 정액으로 연금이 지급되는 상품에 가입하려고 한다. 이 상품의 수익률은 물가상승률과 동일하다고 하며, 10년 동안의 물가상승률은 연 1.5%로 예상된다. 이 상품에 얼마를 가입하면 되겠는가?
→ 풀이과정은 동일

| 연습 3 | 이기영씨는 100,000천원으로 일시납 연금 상품에 가입하려고 한다. 다음 중 연금 상품의 수익률이 가장 높은 것은 어느 것인가? (단, 연금은 매년 말 지급된다.)

① 총 40회 매년 7,000천원씩 정액으로 연금 지급
② 총 35회 매년 10,000천원씩 정액으로 연금 지급
③ 총 30회 매년 15,000천원씩 정액으로 연금 지급
④ 총 25회 매년 20,000천원씩 정액으로 연금 지급
⑤ 총 20회 매년 30,000천원씩 정액으로 연금 지급

[참고] 일시납 연금 상품은 연금 보험료를 1회만 납입하는 상품이다. 반대되는 개념으로는 적립형 연금 상품이 있다.

이와 같은 문제는 앞에서 학습한 'A안과 B안 중 더 나은 투자안은 무엇인가'와 같이 투자의사결정을 묻는 문제와 같은 유형이다. 이 문제는 각각의 보기를 전부 풀어 비교해서 더 나은 방법을 선택해야 한다. 각각의 현금흐름을 충족시키는 I 값을 구하면 될 것이다.

① [END] −100,000 PV, 40 N, 7,000 PMT
CPT I/Y 6.419

② [END] −100,000 PV, 35 N, 10,000 PMT
CPT I/Y 9.595

③ [END] −100,000 PV, 30 N, 15,000 PMT
CPT I/Y 14.759

④ [END] −100,000 PV, 25 N, 20,000 PMT
CPT I/Y 19.781

⑤ [END] −100,000 PV, 20 N, 30,000 PMT
CPT I/Y 29.838

→ 수익률이 가장 높은 것은 ⑤안이다.

이 문제를 CF 방식을 이용해서 풀어볼 수도 있다.

① CF0 = −100,000 [ENTER]

[↓] C01 = 7,000 [ENTER], [↓] F01 = 40 [ENTER]

[IRR] [CPT] 6.419

나머지 ②~⑤번 보기도 CF 방식으로 IRR 값을 구해보기 바란다. 초장기 재무계획인 은퇴자금 계산은 현금흐름이 복잡하게 나타나는 경우가 많아 TVM 방식으로도 계산이 가능하지만 CF 방식을 활용하면 계산과정을 상당히 단축시킬 수 있으니 평소 잘 익혀두도록 하자.

| 연습 4 | 김운형 씨는 한번 가입하면 끊이지 않고, 지속적으로 연금이 지급되는 상품을 검토하고 있다. 김운형 씨는 이 상품에 100,000천원을 가입하려고 한다. 이 상품의 이율이 연 5%라면 매년 받게 되는 연금은 얼마나 될 것인가? (현재는 연초이며 연금은 매년 말 수령한다.)

이 문제는 영구연금에 대한 문제이다. 영구연금은 만기가 없이 영원히, 영구적으로 일정액의 연금이 지속적으로 지급되는 상품을 의미한다. 실제 금융기관에서 판매되고 있는 상품 중 이러한 상품은 없지만, 화폐의 시간가치에 대한 정확한 이해를 위해 자주 등장하는 개념이다. 실제 판매가 되고 있는 금융상품 중 가장 유사한 상품은 상속연금이다. 영구연금은 만기가 없는 예금에 돈을 예치하고 지속적으로 이자를 수령하거나, 만기가 없는 채권에 투자를 하고 영구적으로 이자를 받는 것과 동일한 개념이다.

영구연금은 다음과 같은 공식으로 계산한다.

PMT(E) = PV × I (PMT : 이자 또는 연금액, PV : 원금, I : 이자율)

PMT(B) = PMT(E) ÷ (1 + I)

PV = PMT(E) ÷ I , PV = PMT(B) ÷ I + PMT(B)

위 문제에서는 연금액을 물었으므로

투입 원금 100,000천원×0.05 = **5,000천원**

앞에서도 설명했지만 영구연금의 개념은 100,000천원을 만기가 없는 은행 예금에 넣어두고, 매년 이자율(5%)에 해당되는 이자 5,000천원을 끊임없이 받는 것과 동일하다. 만약 A은행에 이렇게 금리가 고정되어 지속적으로 이자를 주는 상품이 있다고 가정하고, 이 상품에 투자한 투자자가 불멸의 삶을 산다고 가정하면 이해가 빠를 것이다.

위 문제에서 김운형 씨가 연금을 매년 초에 받기로 희망한다고 가정해 보자. 이것은 원금 납입과 동시에 첫 번째 연금을 수령하는 것이다. 그러면 기시급 영구연금의 연금액은 얼마가 되겠는가?

PMT(B) = PMT(E) ÷ (1 + I)이므로 5,000천원 ÷ 1.05 = 4,761.905

그러면 이러한 영구연금은 위와 같은 계산식 외에 재무계산기로 계산하는 것은 불가능한 것일까? 그렇지 않다. 우리가 주목할 것은 '영구'라는 것인데, 이것은 결국 무한한 기간(N)에 대한 개념이다. 따라서 N 값을 임의의 큰 숫자로 대입하면 근사치의 값을 구할 수 있다. [연습 4]의 조건을 그대로 유지하고 N 값에 1,000이라는 숫자를 대입하고 계산해 보기 바란다.

[END] −100,000 **PV**, 1,000 **N**, 5 **I/Y**

CPT **PMT** 5,000.000

이 값은 엄밀히 따지면 정확하게 일치하는 값은 아니지만 N 값에 임의의 큰 수를 대입하여 계산하면 영구연금에 매우 근사한 값을 산출할 수 있게 된다.

▌연습 5▐ 올해 말부터 매년 10,000천원씩 영구적으로 지급되는 연금상품이 있다. 이 상품의 이자율이 연 4%라고 할 때 이 연금에 납입하여야 되는 일시금을 계산하시오.

PV = PMT(E) ÷ I = 10,000 ÷ 0.04 = 250,000천원

재무계산기를 이용하여 계산한다면,

[END] 10,000 **PMT**, 1,000 **N**, 4 **I/Y**

CPT **PV** −250,000천원

▌연습 6▐ 김철승 씨는 즉시연금에 가입하여 지금부터 매년 말 30,000 천원을 향후 10 년간 연금으로 받기 원한다면 오늘 필요한 일시금은 얼마인가? 이 연금의 이자율은 연 4%이다.

이 문제는 '즉시연금'에 관한 문제이다. 보통의 은퇴자금을 위한 연금 상품은 적립기간과 인출기간이 있는 것이 일반적이다. 일시납 연금의 경우에도 거치기간을 두기도 한다. 그런데 '즉시연금'은 말 그대로 연금보험료 납입과 동시에 '즉시' 연금이 개시되는 상품이다. 앞에 설명한 영구연금이나 상속연금과 유사하다고 생각할 수 있지만 영구연금은 투입원금은 그대로 유지된 채 이자에 상당하는 부분을 연금으로 받는 것인 반면, 즉시연금은 투입원금과 원금을 운용하면서 발생되는 수익이 모두 연금재원으로 사용된다. 즉 영구연금 또는 상속연금은 원금이 남지만 즉시연금은 원금이 남지 않는다.

위 문제는 재무계산기를 이용해서 쉽게 풀이할 수 있다.

[END] 30,000 **PMT** , 10 **N** , 4 **I/Y** **CPT** **PV** −243,326.873

만약 [연습 6]에서 매년 초 받기를 희망한다면 기시급 PMT(B)로 계산하면 된다.

[BGN] 30,000 **PMT** , 10 **N** , 4 **I/Y** **CPT** **PV** −253,059.948

참고로 위 문제는 앞에서 학습한 대출금 계산 문제 형태로 변형하면 다음과 같다.

"오늘부터 매년 초 30,000 천원을 10년간 상환하기로 약정하고 대출을 받았다. 이 대출의 이자율이 연 5% 일 때, 최초 대출원금은 얼마인가?"

이와 같이 화폐의 시간가치는 그 기본 원리를 잘 이해해 두면 여러 형태로 응용해서 사용할 수 있다. 같은 계산 원리를 적용하는 문제가 때로는 목적자금 계산으로, 대출금 계산으로, 은퇴자금 계산으로 변형될 수 있기 때문이다.

10.5 은퇴자금 계산 프로세스

은퇴자금 계산은 여러 가지 조건과 가정을 반영하여야 하고, 여러 과정을 거쳐야 하므로 다른 재무목표의 계산에 비해 상당히 복잡해질 수 있다. 따라서 일정한 프로세스를 정하고 그에 맞추어서 계산을 하는 것이 오류를 줄이고, 계산의 정확성을 높일 수 있다.

한국 FPSB의 공인재무설계사 AFPK® 및 국제공인재무설계사 CFP® 과정에서 제시하고 있는 은퇴자금 계산 프로세스(워크시트 접근법 6단계)는 다음과 같다.

① 은퇴자산의 미래가치 계산
  : 은퇴하는 시점에 각 은퇴자산의 미래가치를 계산

② 은퇴자산의 순미래가치(총은퇴자산) 계산
  : ①에서 처분시의 세금이나 비용을 공제하여 순미래가치를 계산

③ 은퇴 후 필요한 연간소득의 부족액 계산
  : 은퇴 후 필요한 연간소득에서 국민연금 등 공적연금을 차감하여 '은퇴 후 필요한 연간소득의 부족액' 계산

④ 총은퇴일시금 계산
  : '은퇴 첫해 소득부족액'을 계산하고, 이 금액을 기초로 은퇴기간 중 매년 필요한 금액을 은퇴시점의 일시금 형태로 계산

⑤ 추가적으로 필요한 은퇴일시금 계산
  : 총은퇴일시금 − 총은퇴자산 = 추가적으로 필요한 은퇴일시금

⑥ 연간 저축액 계산
  : 추가적으로 필요한 은퇴일시금을 만들기 위해 필요한 연간 저축액을 계산(정액저축, 증액저축)

▎연습 7▎ 정윤수 씨는 앞으로 5년 뒤에 은퇴를 한다. 은퇴 후 소비가 집중되는 기간에 매년 초 20,000천원씩 10년간 정액연금을 수령하기를 희망한다. 연금 상품은 연 6% 연복리 상품이라고 가정할 경우 정윤수씨가 희망하는 연금수령을 위해서 현재시점에 매년 말 연 8% 연복리 금융상품에 정액식 적립저축을 하여야 할 금액은 얼마인가?

장기적인 재무계획인 은퇴자금 계산을 위해서는 타임라인을 그려서 어떻게 계산을 해야 오류가 없을지를 사전에 고려하는 것이 바람직하다. 위 문제의 경우는 전제 조건이 상대적으로 복잡하지 않지만 타임라인을 그려서 생각하는 습관을 갖는 것이 좋다.

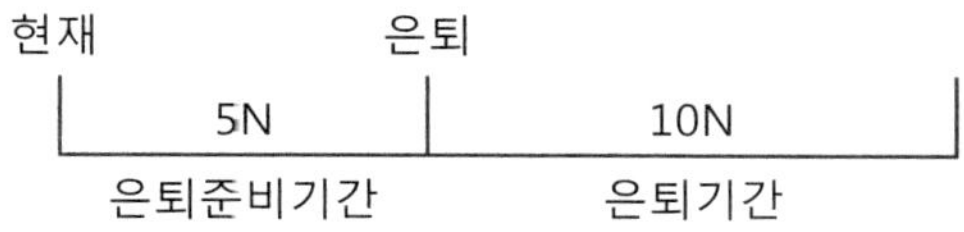

정윤수 씨가 희망하는 것은 앞으로 5년 뒤부터 20,000천원의 연금을 정액으로 받는 것이므로 비교적 계산이 쉽다. 우선 은퇴시점에 있어야 할 돈을 계산하도록 한다.

[BGN] 20,000 **PMT** , 10 **N** , 6 **I/Y** **CPT** **PV** −156,033.845

즉 은퇴하는 시점에 156,033.845천원의 자금이 마련되어 있으면, 매년 20,000천원의 정액 연금을 10년간 받을 스 있다. 따라서 정윤수 씨는 앞으로 남은 은퇴준비기간 5년 동안 이 자금을 조성하면 되는 것이다.

[END] −156,033.845 **FV** , 5 **N** , 8 **I/Y**

CPT **PMT** 26,596.976

여기서 유의할 점은 은퇴준비기간의 투자수익률은 연 8%이고, 은퇴 후 연금 상품의 수익률은 연 6%로 같지 않다는 점. 은퇴 후 연금(생활비)은 연초에 지급되어야 생활자금으로 사용하기 용이하므르 PMT(B)인 반면, 저축은 PMT(E)로 이루어진다는 점 등을 잘 구분해서 계산해야 할 것이다.

| 연습 8 | 여홍규 씨는 현재 50세이고, 65세에 은퇴할 것으로 예상하고 있다. 여홍규 씨는 은퇴자금으로 현재물가가치로 40,000천원을 20년간 매년 초 받기를 희망하고 있다. 여홍규 씨는 이 자금을 마련하기 위하여 올해 말부터 매년 물가상승률만큼 저축액을 늘려서 저축하고자 한다. 물가상승률은 2%이고 투자수익률은 5%인 경우 다음을 각각 계산하시오.

1. 은퇴시점에 필요한 일시금
2. 1번을 위해 현재 필요한 자금
3. 첫 해 저축액

이 문제는 은퇴자금 계산의 가장 전형적인 문제이므로 풀이 방법을 완전히 익힐 필요가 있다. 7장에서 학습한 목적자금 계산 과정을 떠올리면서 단계별로 풀어보도록 하자.

1. 은퇴시점에 필요한 일시금

① 여홍규 씨가 원하는 현재물가기준 40,000천원이 은퇴시점인 15년 뒤에 얼마가 되는지 물가상승률을 이용해서 계산

−40,000 **PV**, 15 **N**, 2 **I/Y** **CPT** **FV** 53,834.734

② 53,834.734천원이 은퇴기간 20년 동안 매년 초 준비되어야 하므로 은퇴시점에 준비되어야 할 일시금 계산

[BGN] 53,834.734 **PMT**, 20 **N**, (5−2)÷1.02= **I/Y**

CPT **PV** −828,983.399

∴ **은퇴시점에 필요한 일시금 : 828,983.399천원**

2. 1번을 위해 현재 필요한 자금

15년 동안 828,983.399천원을 만들기 위해 현재 투자통장에 넣어야 두는 돈을 투자수익률을 이용해서 계산

−828,983.399 **FV**, 15 **N**, 5 **I/Y** **CPT** **PV** 398,755.189

∴ **현재시점에 필요한 자금 : 398,755.189천원**

3. 첫 해 저축액

현재 투자통장에 넣어 둘 목돈 398,755.189천원이 없으므로 이를 증액저축을 통해 해결. 저축할 금액은 조정수익률을 이용해서 계산

[END] 398,755.189 **PV**, 15 **N**, (5−2)÷1.02= **I/Y**

CPT **PMT** 33,260.402

∴ **첫 해 저축액**=33,260.402×1.02=**33,925.610천원**

만약 1번을 구해야 된다는 조건이 없다면 CF 방식 계산을 통해서 1번 과정을 생략하고 바로 2번 값을 계산할 수도 있다.

이 계산에서 예상되는 현금흐름은 다음과 같다. 은퇴준비기간에는 현금 유·출입이 없는 상태이므로 15년 동안 0의 현금흐름이 지속되고 은퇴시점부터 현재가치 40,000천원의 현금유입이 20년간 지속되어야 한다. 이를 계산기에 입력해보자.

CF0=0 **ENTER**

↓ C01=0 **ENTER**, **↓** F01=14 **ENTER**

↓ C02=40,000 **ENTER**, **↓** F02=20 **ENTER**

NPV I=(5−2)÷1.02=**ENTER** **↓** **CPT** **398,755.189천원**

그림 10-3 은퇴자금 계산과정

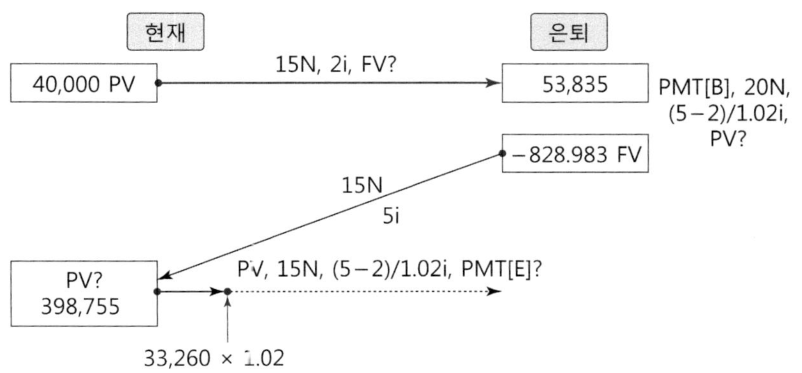

위의 과정을 시나리오로 정리하면 다음과 같다.

1. 은퇴 시점 및 은퇴기간 확인
   → 이서경 씨는 몇 살에 은퇴할 것으로 예상되지?
   그리고 은퇴기간(기대여명)은 얼마나 될 것 같아?
2. 희망 은퇴자금 확인
   → 은퇴기간에 필요한 돈은 연간(월간) 기준으로 얼마지? (현재가치)
3. 은퇴시점에서 연간 필요금액 계산
   → 그 돈은 필요한 시점이 되면 얼마가 될까?
   (현재가치 PV, 남은 기간 N, 물가상승률 I, FV 계산)
4. 은퇴일시금 계산
   → 은퇴기간 동안 쓰려면 은퇴시점에 얼마가 필요할까?
   (연간 필요 금액 PMT[B], 은퇴기간 N, 조정수익률 K, PV 계산)
5. 현재 필요자금 계산
   → 은퇴 시점까지 일시금을 만들기 위해 오늘 통장에 얼마 넣지?
   (은퇴일시금 FV, 기간 N, 투자수익률 I, PV 계산)
6. 부족자금 계산
   → 그런데 통장에 넣어둘 돈이 없네? (또는 부족하네)
7. 저축액 계산
   → 목돈이 충분하지 않으니까 부족자금 마련을 위한 저축금액은 얼마?
   (부족자금 PV, 기간 N, 투자수익률 또는 조정수익률, PMT 계산)
   → 저축방식(정액, 증액), 증액률 등 확인
   (증액저축인 경우 계산된 PMT[E]값×증액률)

이상의 과정은 은퇴자금 계산의 전형적인 형태이므로 반드시 잘 익혀두기를 바란다.

연습문제 *Exercise*

※ 다음 문제들을 재무계산기를 사용하여 풀이하시오.

문 1 이석우 씨는 현재 적금 만기 환급금으로 200,000천원을 수령하였다. 이를 연 5% 연복리 금융상품에 예치하여 두고 10년간 매년 말 일정금액을 연금으로 수령할 경우, 매년 말 수령하게 될 연금액은 얼마인가?

문 2 김철운 씨는 즉시연금에 가입하여 지금부터 매년 초 40,000천원을 향후 20년간 연금으로 받기 원한다면 오늘 필요한 일시금은 얼마인가? 이 연금의 이자율은 연 5% 이다.

문 3 현재 200,000천원의 자금을 연 5% 연복리 금융상품에 예치한 상태에서 15년간 매년 초 동일한 금액을 연금으로 수령하고자 할 경우 매년 초 수령하는 금액은 얼마인가?

문 4 정수진 씨는 앞으로 10년 뒤에 은퇴를 한다. 은퇴 후 매년 초 20,000천원씩 30년간 정액연금을 수령하기를 희망한다. 연금 상품은 연 5.5% 연복리 상품이다. 정수진 씨가 희망하는 연금수령을 위해서 현재시점에 매년 말 연 6% 연복리 금융상품에 정액식 적립저축을 하여야 할 금액은 얼마인가?

문 5 현재 300,000천원의 자금을 연금에 가입해서 매년 말 30,000천원씩 15년간 수령하고자 할 경우 연간 몇 %씩 투자수익률을 보장하는 연금 상품에 예치하여야 하는가?

문 6 지금부터 매월 말 1,000천원씩 20년간 연금을 수령하고자 하는 경우 월복리 연이율 6% 투자상품에 얼마의 일시금을 예치하여야 하는가?

문 7 김기수 씨는 올해 말 20,000천원으로 시작하여 매년 말 4%씩 증액저축을 하여 10년 후로 다가온 은퇴를 준비하려고 한다. 이 적립상품의 투자수익률은 연 5%일 때, 은퇴시점에서 준비되는 자금은 얼마인가?

문 8 김기수 씨는 [문 7]에서 만들어진 은퇴일시금으로 은퇴 후 20년간 매년 초 물가상승률만큼 증액되는 연금을 받기를 희망한다. 첫 번째 받게 되는 연금액은 현재가치로 얼마인가? 투자수익률은 5%, 물가상승률은 3%이다.

문 9 김미영 씨는 영구연금 상품이 출시되었다는 소식을 듣고, 100,000천원을 투자하려고 한다. 김미영 씨가 매년 초 연금을 받고자 할 때, 연금액은 얼마가 될 것인가? 이 상품의 수익률은 연 4%이다.

문 10 여운규 씨는 현재 48세이고, 65세에 은퇴할 것으로 예상하고 있다. 여운규 씨는 은퇴자금으로 현재물가가치로 30,000천원을 25년간 매년 초 받기를 희망하고 있다. 여운규 씨는 이 자금을 마련하기 위하여 올해 말부터 매년 물가상승률만큼 저축액을 늘려서 저축하고자 한다. 물가상승률은 1.5%이고 투자수익률은 6%인 경우 다음을 각각 계산하시오.

1. 은퇴시점에 필요한 일시금
2. 1번을 위해 현재 필요한 자금
3. 첫 해 저축액

Chapter

11

다양한 재무계산

11.1 은퇴자금 심화

10장에서도 설명했듯이 은퇴자금 계산은 굉장히 긴 기간을 대상으로 하고, 변수도 상당히 많기 때문에 목적자금 계산 중 가장 복잡하다고 할 수 있다. 하지만 10장에서 학습한 내용은 은퇴자금의 가장 기본적인 형태들이라고 볼 수 있다. 따라서 11장에서 조금 더 현실적인 사례들을 통해 이해의 폭을 넓혀 보도록 하겠다.

▌연습 1▐ 한상철 씨(40세)는 20년 후 은퇴를 계획하고 있다. 은퇴기간은 25년이며, 은퇴기간 중 은퇴생활비는 현재물가기준으로 매년 초 40,000천원을 예상하고 있다. 물가상승률을 연 5%, 은퇴자금에 대한 세후투자수익률은 연 8%로 가정할 경우, 은퇴생활을 위해 한상철 씨가 20년간 매년 말 물가상승률만큼 증액하여 저축한다면 올해 말 최초의 저축액은 얼마인가?

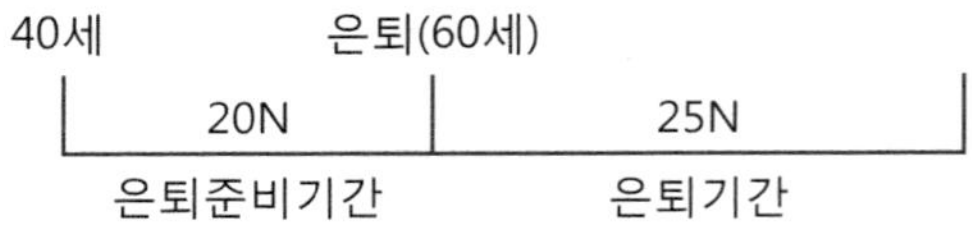

[방법 1]

① 은퇴 시점의 은퇴생활비 :

−40,000 **PV**, 20 **N**, 5 **I/Y** **CPT** **FV** 106,131.908

② 은퇴일시금 계산 :

[BGN] 106,131.908 **PMT**, 25 **N**, (8−5)÷1.05= **I/Y**

CPT **PV** −1,931,508.996

③ 현재기준 필요자금 계산 :

−1,931,508.996 **FV**, 20 **N**, 8 **I/Y** **CPT** **PV** 414,401.793

④ 첫 해 저축액 계산 :

[END] 414,401.793 **PV**, 20 **N**, (8−5)÷1.05= **I/Y**

CPT **PMT** −27,487.715

∴ 첫 해 저축액=27,487.715×1.05=**28,862.101천원**

※ [방법 2]

① [BGN] 40,000 **PMT**, 25 **N**, (8−5)÷1.05= **I/Y**

CPT **PV** −727,965.427

② −727,965.427 **FV**, 20 **N**, (8−5)÷1.05= **I/Y**

CPT **PV** 414,401.793 → [방법 1]의 ④번으로

계산 과정을 1단계 줄일 수 있으므로 잘 이해해서 활용

▌연습 2▐ 위 문제에서 한상철 씨가 현재 보유하고 있는 정기예금(평가금액 : 100,000천원)를 은퇴자금으르 활용할 경우 올해 말 저축할 금액은 얼마인가?

414,401.793−100,000=314,401.793

[END] 314,401.793 **PV**, 20 **N**, (8−5)÷1.05= **I/Y**

CPT **PMT** −20,854.608

∴ 첫 해 저축액=20,854.608×1.05=**21,897.339천원**

▌연습 3▐ 다음 자료를 참고하여 허선희 씨(40세)가 은퇴기간 중 매년 확보할 수 있는 은퇴소득을 현재물가기준 금액으로 계산하시오.

- 은퇴나이 : 60세
- 은퇴기간 : 25년
- 은퇴자산에 대한 세후투자수익률 : 연 5.5%
- 물가상승률 : 연 3%
- 허선희 씨가 투자하고 있는 은퇴자산
  - A펀드(35세 가입) : 25년간 매년 말 5,000천원씩 납입, 은퇴시점에서 원리금을 재원으로 25년간 연금 수령 계획
  - B연금(38세 가입) : 65세부터 20년간 매년 초 24,000천원 수령예상
  - C연금(35세 가입) : 60세부터 종신형으로 매년 초 8,000천원 수령예상

이런 유형의 문제를 풀이할 때에는 각 상품의 가입 시점과 연금 개시 시점을 주의 깊게 살펴 볼 필요가 있다. 위 사례에서 허선희 씨(40세)가 보유하고 있는 은퇴자산이 은퇴시점(60세)에서 얼마의 가치를 나타낼 것인지를 계산하고, 그것을 현재가치로 환산하면 된다.

지문을 살펴보면 A펀드와 C연금은 은퇴시점에서 연금을 수령하게끔 되어 있는데 B연금의 경우가 65세부터 연금수령으로 되어 있어 이에 대한 조정이 필요하다. 각 상품별로 가치를 따져 보도록 하자.

① A펀드

[END] 5,000 **PMT**, 25 **N**, 5.5 **I/Y** **CPT** **FV** 255.762.941

② B연금 : 65세 시점에 연금 개시

65세 시점 [BGN] 24,000 **PMT**, 20 **N**, 5.5 **I/Y** **CPT** **PV** 302,583.685

60세 시점으로 조정 302,583.685 **FV**, 5 **N**, 5.5 **I/Y** **CPT** **PV** 231,517.172

③ C연금

[BGN] 8,000 **PMT**, 25 **N**, 5.5 **I/Y** **CPT** **PV** 113,213.592

①+②+③=600,493.705

[참고] ①, ②, ③은 모두 정액연금으로 조정수익률을 사용할 필요가 없음

④ 600,493.705천원을 재원으로 한 은퇴소득 계산

[BGN] 600,493.705 **PV**, 25 **N**, (5.5−3)÷1.03= **I/Y** **CPT** **PMT** −31,555.598

⑤ −31,555.598 **FV**, 20 **N**, 3 **I/Y** **CPT** **PV** 17,471.570

11.2 보험과 재무계산

사망, 장해, 질병, 화재, 사고 등에 대비하기 위해 가입하는 보험도 정확한 계산을 요구하고 있다. 실제 일상에서는 보험설계사 등 상품 판매자가 권유하는 내용대로 가입하는 경우가 많지만, 보험도 은퇴자금과 마찬가지로 굉장히 긴 기간을 대상으로 하는 상품이므로 화폐의 시간가치를 이용해서 정확하게 계산할수록 적정한 보험가입금액을 설정하여 불필요한 비용지출을 방지할 수 있을 것이다. 물론 보험 종류에 따라 아주 짧은 기간을 대상으로 하는 상품도 있고, 매우 다양한 보상을 목적으로 하는 상품들이 있지만 본 과정에서는 적정한 사망보험금을 계산하는 사례를 살펴보도록 하겠다.

❙ 연습 4 ❙ 김민석(42세) 씨, 최은주(40세) 씨 부부는 외아들 승헌 군(5세)이 20세가 될 때까지는 부부 중 1명이라도 사망할 경우, 경제적인 위험에 직면할 수 있다고 판단하고 각각 생명보험에 가입하려고 한다. 부부는 1명 사망 시 현재물가기준으로 매년 초 15,000천원만큼의 경제적 공백이 발생한다고 판단하였다. 오늘 보험을 가입한다고 할 때 물가상승률이 연 2%, 부부의 투자수익률이 연 4.5%일 때 1명당 사망보험금을 얼마로 책정하면 좋겠는지 계산하시오.

앞으로 20세가 되기까지는 15년이 남았으므로 이 기간에 해당하는 보험금이 필요하다.

[BGN] 15,000 **PMT**, 15 **N**, (4.5 − 2) ÷ 1.02 = **I/Y**

CPT **PV** −190,960.573

∴ 그러므로 생명보험 가입 적정금액은 각각 **−190,960.573천원**

❙ 연습 5 ❙ 송승완, 성혜진 부부는 송승완 씨의 생명보험 필요 보장금액을 계산하고자 한다. 만약 송승완 씨가 사망할 경우, 막내가 독립할 때까지 필요한 부양가족양육비는 현재물가기준으로 매년 초 25,000천원, 성혜진 씨가 은퇴 전 필요수입은 현재물가기준으로 매년 초 18,000천원, 성혜진 씨 은퇴 후 필요수

입은 현재물가기준으로 매년 초 15,000천원으로 생각하고 있다. 부양가족 양육기간은 성혜진씨 나이 35세부터 40세까지 6년, 성혜진씨 은퇴 전 기간은 41세부터 55세까지 15년, 성혜진씨 은퇴 후 기간은 56세부터 85세까지 30년으로 가정할 경우, 성혜진 씨의 생애 수입을 위한 남편 송승완 씨의 생명보험 필요 보장금액은 얼마인가?

• 물가상승률 : 연 3.5%, 투자수익율 : 연 6.5%
• 필요수입은 매년 초에 필요한 것으로 가정한다.

이러한 문제는 상당히 복잡해 보인다. 따라서 문제 분석과 타임라인 그리는 것이 우선 되어야 한다.

보험과 관련된 위 예제와 같이 나이 기준으로 나오면 기간 계산이 상당히 혼란스럽다. 지문에서 제시된 부양가족 양육기간 '35세부터 40세까지'를 보면 40−35=5년으로 생각하기 쉽지만 35, 36, 37, 38, 39, 40세가 해당이 되는 것이기 때문에 6년이다. 지문에는 6년이라고 따로 표시해서 혼선의 여지가 없지만 나이 기준으로만 제시된 문제의 경우에는 N 값을 설정할 때 정확하게 판단할 수 있도록 신경을 써야 될 것이다.

또한 각 구간별로 제시된 필요수입은 현재 물가기준이므로 이에 대한 보정도 필요하다.

필요 보장금액은 다음과 같이 계산할 수 있다.

① 부양가족 양육기간

[BGN] 25,000 **PMT** , 6 **N** , (6.5−3.5)÷1.035= **I/Y**

CPT **PV** 139,825.078 현재 시점이므로 보정 필요 없음

② 은퇴 전 기간

[BGN] 18,000 PMT, 15 N, (6.5－3.5)÷1.035＝ I/Y

CPT PV 222,742.580 40세 시점이므로 현재로 보정 필요

222,742.580 PV, 6 N, 3.5 I/Y, CPT FV 273,802.502

273,802.502 FV, 6 N, 6.5 I/Y, CPT PV 187,649.623

또는 조정수익률을 이용해서 한 번에 계산

222,742.580 FV, 6 N, (6.5－3.5)÷1.035＝ I/Y,

CPT PV 187,649.623

③ 은퇴 후 기간

[BGN] 15,000 PMT, 30 N, (6.5－3.5)÷1.035＝ I/Y

CPT PV 306,534.638

시점 보정 306,534.638 FV, 21 N, (6.5－3.5)÷1.035＝ I/Y,

CPT PV 168,222.909

①＋②＋③＝**495,697.610천원**

이를 CF 방식으로 간단하게 계산할 수도 있다.

예상 현금흐름 :

- 35세부터 40세까지 25,000천원(6회)
- 41세부터 55세까지 18,000천원(15회)
- 56세부터 85세까지 15,000천원(30회)

이 현금흐름을 계산기에 입력

CF0＝25,000 ENTER

↓ C01＝25,000 ENTER, ↓ F01＝5 ENTER

[↓] C02 = 18,000 [ENTER], [↓] F02 = 15 [ENTER]

[↓] C03 = 15,000 [ENTER], [↓] F03 = 30 [ENTER]

[NPV] I = (6.5 − 3.5) ÷ 1.035 = [ENTER] [↓] [CPT] 495,697.610

∴ 그러므로 생명보험 가입 적정금액은 495,697.610천원, 약 5억원

❙ 연습 6 ❙ 이준서, 윤지민 부부는 이준서 씨의 생명보험 필요 보장금액을 계산하려고 한다. 만약 남편 이준서 씨가 사망할 경우, 막내가 독립할 때까지 필요한 부양가족양육비는 현재물가기준으로 매년 초 30,000천원, 윤지민 씨가 은퇴 전 필요수입은 현재물가기준으로 매년 초 25,000천원, 윤지민씨 은퇴 후 필요수입은 현재물가기준으로 매년 초 20,000천원으로 예상하고 있다. 부양가족 양육기간은 윤지민씨 나이 35세부터 43세까지이며, 윤지민씨 은퇴 전 기간은 44세부터 64세까지, 윤지민씨 은퇴 후 기간은 65세부터 25년간으로 가정할 경우, 윤지민씨의 생애 수입을 위한 남편 이준서 씨의 생명보험 필요 보장금액은 얼마인가?

- 물가상승률 : 연 2%, 투자수익율 : 연 5%
- 필요수입은 매년 초에 필요한 것으로 가정

예상되는 현금흐름은 35세부터 43세까지 30,000천원(9회), 44세부터 64세까지 25,000천원(21회), 65세부터 20,000천원(25회).

CF0 = 30,000 [ENTER]

[↓] C01 = 30,000 [ENTER], [↓] F01 = 8 [ENTER]

[↓] C02 = 25,000 [ENTER], [↓] F02 = 21 [ENTER]

[↓] C03 = 20,000 [ENTER], [↓] F03 = 25 [ENTER]

[NPV] I = (5 − 2) ÷ 1.02 = [ENTER] [↓] [CPT] 699,708.414

∴ 그러므로 생명보험 가입 적정금액은 699,708.414천원, 약 7억원

11.3 채권발행가격 계산

우리는 회계 원리에서 회사채 발행 시 발행가격 결정에 대한 내용을 학습한다. 보통 회계원리나 재무회계 등의 교재 뒤편에는 단위 금액 1원의 미래가치 또는 현재가치, 정상연금의 미래가치 또는 현재가치를 계산할 수 있는 조견표가 수록되어 있다. 그러면 그 표를 활용해서 할인발행이나 할증발행 가격을 계산하곤 한다. 당연한 이야기일 수 있지만 이러한 것도 재무계산기를 사용하면 아주 쉽게 계산할 수 있다.

채권 발행가격 계산을 하기 위해서는 다음 몇 가지 개념에 대해서 이해하고 있어야 한다. 채권은 자금 조달이 필요한 주체가 돈을 빌리기 위해서 발행하는 유가증권이다. 누가 발행을 하는지에 따라 국채, 지방채, 회사채 등으로 구분할 수 있다. 어떠한 채권이든 그 기본원리는 동일하다 할 수 있으나 본 단원에서는 회사채를 기준으로 설명하도록 하겠다. 채권은 발행 시 몇 가지 조건을 확정하고 발행하게 되는데, 만기, 금리, 이자지급조건 등이 해당된다.

- 만기 : 빌린 돈을 언제까지 상환하겠다고 약속한 기간
  → 3년 만기, 10년 만기 등
- 금리 : 돈을 빌린 대가로 지급하는 이자 계산 조건
  → 연 3%, 연 5% 등
- 이자지급조건 : 약정된 금리에 따라 이자지급주기 등을 표시
  → 3개월 이표, 할인채 등

  채권과 관련된 재무계산을 하기 위한 이자율에 대해서 더 이해하도록 하자.
- 액면이자율 : 채권 표면에 정해진 이자율. 채권의 현금흐름을 예측할 수 있는 기준이 됨
- 시장이자율 : 회사채를 매입하는 투자자의 기대수익률
- 유효이자율 : 회사채의 미래현금흐름의 현재가치와 사채의 발행으로 인한 현재의 현금흐름을 일치시키는 이자율. 내부수익률(IRR)과 같은 의미

그림 11-1 채권의 현금흐름 (액면 10,000원, 연 5%, 3년 만기 회사채인 경우)

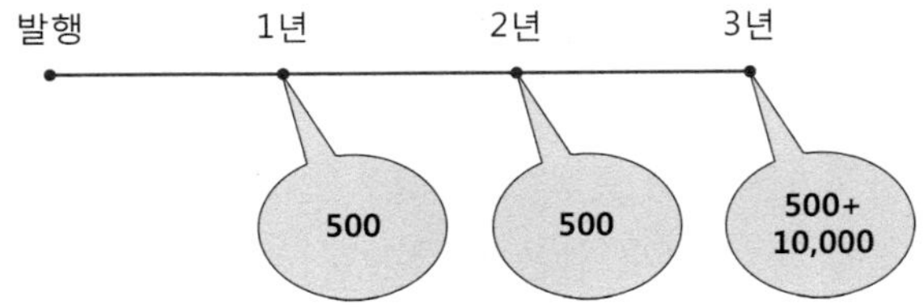

만약 액면 10,000원의 회사채를 연 5%이자 지급, 3년 만기 조건으로 발행한다고 가정하자. 그러면 채권의 발행 조건은 고정되어 있기 때문에 여기서 발생되는 현금흐름은 쉽게 예측할 수 있다. [그림 11-1]에서 볼 수 있듯이 이 채권에 투자한 투자자는 매년 말 액면 금액의 5%에 해당되는 500원씩의 이자를 수령하고 만기인 3년 말에는 이자 500원과 채권 원금 10,000원을 더하여 10,500원을 수령하게 되는 것이다.

그렇다면 할인발행, 할증발행 등은 어떤 의미인지 간략하게 이해해 보자.

- 할인발행 : 사채의 액면이자율 < 시장이자율
  → 사채 발행가액 < 액면금액
- 할증발행 : 사채의 액면이자율 > 시장이자율
  → 사채 발행가액 > 액면금액
- 액면발행 : 사채의 액면이자율 = 시장이자율
  → 사채 발행가액 = 액면금액

위의 내용을 풀어서 설명하면 이런 의미이다. 어떤 투자자가 있다. 이 투자자의 시장이자율이 7%이다. 시장이자율은 투자자의 기대수익률과 같은 의미라고 했으니 이 투자를 행하면서 투자자가 바라는 수익률로 해석할 수 있다. 또는 시장에서는 쉽게 7%의 투자안을 선택할 수 있다고 이해해도 된다. 즉 가까운 은행에만 가도 7%짜리 예금을 쉽게 가입할 수 있다는 것이다. 그런데 ㈜서경이 만약 5%의 이자율로 회사채를 발행하려고 한다면 투자자의 입장에서 매력적인 투자대안이 될 수 있겠는가? 그렇지 않을 것이다. 그런데 ㈜서경 입장에서는 자금 조달을 꼭 해야 되는 상황이라면 어떻게 할 것인가? 액면에 표시된 이자율을 임의로 조정할 수는 없으니 시장이자율과 액면이자율의 차이를 발행가격을 낮추는 '할인'을 적용해 줌으로써 자금 조달을 성사시키려고 할 것이다. 이것이 할인발행이다.

반대로 시장이자율이 3%인데 ㈜서경이 5%로 회사채를 발행한다고 생각해보자. 소문을 들은 시중의 자금들이 물밀 듯이 몰려들어올 것이다. 따라서 ㈜서경 입장에서는 여유롭게 자금조달을 할 수 있을 것이며, 수익률이 좋은 채권에 투자하려는 투자자 간의 경쟁이 치열해 진다면 채권 발행가격에 웃돈을 붙이는 프리미엄을 받고도 발행할 수 있을 것이다. 이것이 할증발행이다.

액면발행은 시장이자율이나 사채의 액면이자율에 차이가 없어 액면 가격 그대로 발행이 이루어지는 것이다. 위와 같은 설명만으로는 이해가 쉽지 않을 수 있으니 사례를 보며 채권의 재무계산을 이해하도록 하자.

▌연습 7▐ ㈜서경은 20＊1.1.1에 3년 만기의 액면금액 10,000천원의 사채를 액면이자율 5%로 발행하였다. 사채발행 시의 시장이자율이 7%, 5%, 3%일 때 사채의 발행가액은 얼마인지 계산하시오.

(1) 시장이자율이 7%인 경우

그림 11-2 회사채 할인발행 시 현금흐름

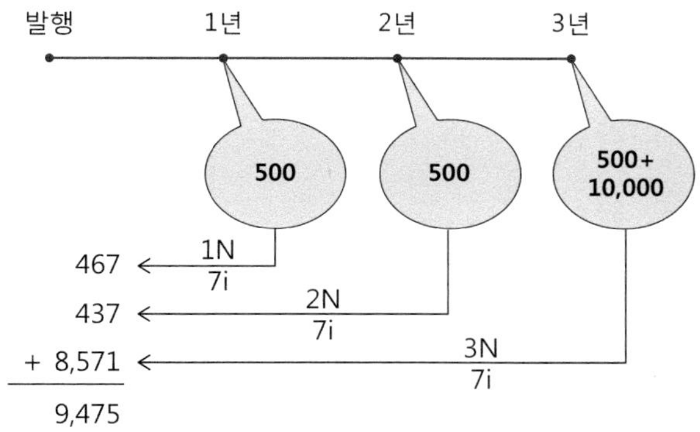

앞에서 학습한 내용을 활용하면 이 채권의 발행가격은 어떻게 계산할 수 있겠는가?

[END] 500 **PMT** , 3 **N** , 7 **I/Y** , 10,000 **FV**

CPT **PV** 9,475.137

만약 CF 방식으로 계산한다면

CF0 = 0 **ENTER**

↓ C01 = 500 **ENTER**, **↓** F01 = 2 **ENTER**

↓ C02 = 10,500 **ENTER**, **↓** F02 = 1 **ENTER**

NPV I = 7 **ENTER** **↓** **CPT** 9,475.137

→ 시장이자율 > 액면이자율이므로 액면금액 10,000천원으로는 발행 경쟁력이 없으므로 9,475.137천원으로 할인해서 발행

(2) 시장이자율이 5%인 경우

시장이자율 = 액면이자율이므로 액면발행. 발행가격은 10,000천원

(3) 시장이자율이 3%인 경우

[END] 500 **PMT** , 3 **N** , 3 **I/Y** , 10,000 **FV**

CPT **PV** 10,565.722

→ 시장이자율 < 액면이자율이므로 액면금액 10,000천원보다 큰 금액인 10,565.722천원으로 할증해서 발행

위 내용을 기준으로 채권발행가격의 재무계산 방법을 정리해 보자.

1. 채권의 현금흐름은 액면금액과 액면이자율로 예측한다.
2. 각각의 현금흐름을 시장이자율로 할인한다.
3. 할인된 현금흐름의 합계를 구하면 이것이 발행가격이 된다.

11.4 부동산투자와 TVM 계산

부동산투자는 다른 어떠한 재무목표보다 큰 자금을 필요로 한다. 따라서 투자의 성공 여부가 한 개인 가계 또는 기업에 미치는 영향이 클 수밖에 없다. 중요하지 않은 재무목표가 없지만, 부동산과 관련된 재무목표의 경우에는 더욱 신중한 재무적 의사결정을 요구한다. 이에 부동산과 관련된 현명한 의사결정을 도울 수 있는 기본적인 TVM 계산을 학습하도록 한다. 다만 부동산의 경우 세금 구조가 매우 복잡하며 최근 부동산 투기 억제를 위한 다양한 정책 및 세금 제도 등이 새롭게 입안되고, 수시로 변경되고 있으므로 그러한 내용을 금융수학 입문 과정에서 다루기는 역부족이다. 따라서 본 과정에서는 전반적인 개념의 이해에 초점을 맞추도록 한다.

부동산투자는 크게 3단계로 나누어서 생각할 수 있다. 최초로 부동산을 매입하거나 새롭게 지어서 취득하는 단계, 해당 부동산을 보유하는 단계, 투자 목적이 종료된 부동산을 매각하는 양도단계의 3단계 과정이다. 각 단계마다 굉장히 복잡한 법률 구조와 세금이 연관되어 있으나 여기서는 큰 얼개를 이해하는데 중점을 두도록 하겠다.

그림 11-3 부동산 투자 시 현금흐름 예상 (단위 : 백만원)

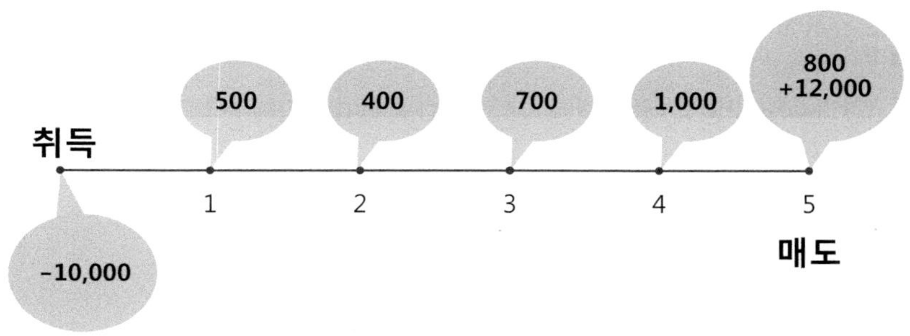

예를 들어 [그림 11-3]과 같이 10,000,000천원에 취득할 수 있는 수익형 부동산이 있다고 가정하자. 이 부동산에서 1차 년도 말에 500,000천원의 임대수입이 발생되고, 2차 년도 말에 400,000천원, 3차 년도 말에 700,000천원, 4차 년도 말에 1,000,000천원, 5차 년도 말에 800,000천원의 수입과 매각한 대금 12,000,000천원이 들어올 것으

로 예상된다고 하자. 이러한 투자를 하는 것이 현명한지 어떻게 판단하면 될까? 이것은 앞에서 학습한 순현재가치(NPV)와 내부수익률(IRR)을 이용해서 판단 가능하다. 만약 이 투자를 검토하고 있는 투자자의 요구수익률이 6%인 경우 투자여부를 판단해 보도록 하자.

CF0 = −10,000,000 [ENTER]

[↓] C01 = 500,000 [ENTER], [↓] F01 = 1 [ENTER]

[↓] C02 = 400,000 [ENTER], [↓] F02 = 1 [ENTER]

[↓] C03 = 700,000 [ENTER], [↓] F03 = 1 [ENTER]

[↓] C04 = 1,000,000 [ENTER], [↓] F04 = 1 [ENTER]

[↓] C05 = 800,000 + 12,000,000 = [ENTER], [↓] F05 = 1 [ENTER]

[NPV] I = 6 [ENTER] [↓] [CPT] 1,772,428천원

[IRR] [CPT] 9.859

이 경우에는 NPV 값이 1,772,428천원으로 (+)의 값이 나오고 IRR이 9.86%로 투자자의 요구수익률 6%보다 크므로 투자안을 채택해도 좋다는 결론을 얻을 수 있다.

❙ 연습 8 ❙ 이서경 씨는 1,000,000천원을 투자해서 서울 성북구 소재의 빌딩을 매수하였다. 이 빌딩에서는 매년 말 50,000천원의 임대수익이 발생할 것으로 예상되며, 5년 뒤에는 빌딩의 가치가 1,400,000천원이 될 것으로 예상한다. 이 빌딩 투자의 내부수익률은 얼마인가?

이 문제는 두 가지 방법으로 풀이할 수 있다. 매년 예상되는 현금흐름이 일정하므로 TVM 방식으로도 풀이가 가능하다.

[END] −1,000,000 [PV], 50,000 [PMT], 5 [N], 1,400,000 [FV]

[CPT] [I/Y] 11.375

CF 방식으로 풀면

CF0 = −1,000,000 [ENTER]

[↓] C01 = 50,000 [ENTER], [↓] F01 = 4 [ENTER]

[↓] C02 = 50,000 + 1,400,000 = [ENTER], [↓] F02 = 1 [ENTER]

[IRR] [CPT] 11.375

지문에 다른 전제 조건이 없으므로 IRR 값을 산출하는 것으로 종결. 만약 투자자의 요구수익률이 10%였다면 투자안 채택, 12%였다면 투자안 기각 처리를 하면 된다.

그런데 부동산투자와 관련된 TVM 계산이 위 사례들처럼 간단하기만 할 것인가? 수익이 발생되는 부동산을 보유하고 있는 중에는 다음과 같은 계산과정이 요구된다.

	단위당 예상 임대료
×	임대 단위 수
	가능 총소득 [potential gross income : PGI]
−	공실 및 대손충당금 [vacancy & loss allowance]
+	기타 수익
	유효 총소득 [effective gross income : EGI]
−	영업 경비 [operating expenses : OE]
	순영업 소득 [net operating income : NOI]
−	대출 원리금 상환액 [debt service : DS]
	세전 현금흐름 [before tax cash flow : BTCF]
−	소득세 [taxes from operation]
	세후 현금흐름 [after tax cash flow : ATCF]

이 계산식을 간단히 설명하기 위해 임대 점포가 10개 있는 상가가 있다고 가정해 보자.

1) 단위당 예상 임대료 : 점포 1개당 연 12,000천원의 임대료 발생

2) 임대 단위 수 : 10개

3) 가능 총소득 [PGI] : 1)과 2)를 곱해서 산출. 연120,000천원

4) 공실 및 대손충당금 : 임대가 안 되거나 임대료를 받지 못하는 경우

5) 기타 수익 : 상가 주차장을 이용한 주차요금 수입 등

6) 유효 총소득 [EGI] : PGI에서 공실 등 차감, 기타 수익 가산

7) 영업 경비 [OE] : 관리인 인건비 등 상가 운영경비 차감

8) 순영업 소득 [NOI] : EGI에서 영업 경비 차감한 값

9) 대출 원리금 상환액 [DS] : 자금조달 비용 차감

10) 세전 현금흐름 [BTCF] : 소득세 납부 이전의 현금흐름 산출

11) 소득세 [taxes from operation] : 임대 소득에 대한 세금

12) 세후 현금흐름 [ATCF] : 세금 납부 이후의 순현금흐름

따라서 위의 예시에서 '매년 50,000천원의 임대수입이 예상 된다'라는 것은 위와 같은 각종 변수들을 반영하여 계산한 세후 현금흐름[ATCF]이 50,000천원이라는 것으로 이해하면 된다. 이외에도 매각과정에서의 현금흐름은 다음의 과정을 거쳐서 산출한다.

	매도 가격
−	매도 경비
	순매도 가격
−	미상환 대출금
−	보증금
	세전 자기자본 복귀액
−	양도소득세 [capital gain tax]
	세후 자기자본 복귀액

이렇게 보유기간 중의 현금흐름과 매각 시점에서의 현금흐름을 산출하여 각 기간의 순현금흐름을 계산하고, 이를 바탕으로 부동산투자의 타당성을 분석하는 과정을 DCF(Discounted Cash Flow Method, 현금흐름할인법 또는 현금흐름할인모형) 기법이라고 한다. 이 DCF기법은 부동산투자뿐만 아니라 기업의 가치평가에도 유용하게 이용된다. 이러한 분석 기법이 모두 화폐의 시간가치에 그 기반을 두고 있다.

DCF기법을 이용하여 부동산가치평가를 실시하는 것은 앞서 언급한 바와 같이 부동산 정책에 관한 이해가 전제되어야 하며, 소득세 및 양도소득세 계산에 대한 이해도 필요하므로 본 과정에서는 위와 같은 개념만 이해하도록 한다.

연습문제 *Exercise*

※ 다음 문제들을 재무계산기를 사용하여 풀이하시오.

문 1 주기상 씨(현재 55세, 은퇴나이 65세)는 현재 거주하고 있는 주택(현재가 10억원)을 10년 후에 처분하여 상가를 매입하려고 한다. 은퇴소득을 확보하기 위해 그가 원하는 상가의 임대소득은 첫해 말에 상가매입액의 5%를 목표로 하고 있다. 임대수익은 2차 년도부터 매년 2%의 물가상승률로 증가할 것으로 예상하고 있다. 주기상 씨의 은퇴기간이 25년이고, 이 기간 중 세후투자수익률이 연 5%라고 한다면 은퇴기간 중 받을 수 있는 임대소득을 은퇴시점에서 일시금으로 환산한 가치는 얼마인지 계산하시오(아파트의 가격상승률은 연 1%이고, 아파트 처분 및 상가구입에 따른 수수료와 비용은 아파트 처분가액의 3%로 함)

문 2 신봉수 씨는 자신이 갑자기 사망하는 경우 배우자와 두 자녀에게 닥칠 것으로 예상되는 경제적 위험에 대비하기 위하여 사망보험을 가입하려고 한다. 배우자인 김정현 씨(현재 35세) 기준 지금부터 첫째가 독립할 것으로 예상되는 52세까지는 연간 30,000천원의 생활자금이, 53세부터 둘째가 독립할 것으로 예상되는 55세까지는 연간 25,000천원의 생활자금이, 56세부터 김정현 씨의 정년인 65세까지는 연간 20,000천원의 생활자금이, 은퇴 이후 25년간은 연간 15,000천원의 생활자금이 필요할 것으로 예상된다. 신봉수 씨는 오늘 얼마의 생명보험금을 가입하면 좋을 것인가? 물가상승률은 1.5%, 투자수익률은 연 4%이며 생활자금은 현재가치기준이며 매년 초 필요한 것으로 가정한다.

문 3 ㈜서경은 20＊1.1.1에 3년 만기의 액면금액 10,000천원의 사채를 액면이자율 5%로 발행하였다. 사채발행 시의 시장이자율이 6%, 4%일 때 사채의 발행가액은 얼마인지 계산하시오.

문 4 1,000,000천원에 매입한 빌딩에서 매년 말 50,000천원의 임대료 수입이 예상된다. 이 빌딩의 가격은 매년 5%씩 상승할 것으로 예상된다. 투자자는 5년간 운영 후 빌딩을 매각할 계획이고, 이 투자자의 요구수익률이 8%인 경우 이 빌딩 투자의 타당성에 대해서 검토하시오.

문 5 이서경 씨가 투자를 검토하고 있는 상가의 조건이 다음과 같을 때 이 상가 투자 첫 해의 세후 현금흐름(ATCF)를 계산하시오.

- 점포 수 : 5개
- 점포당 월 임대료 : 1,000천원
- 공실률 : 평균 10%, 대손 없음
- 기타 수익 : 주차장 주차요금 수입 월 500천원
- 건물 관리인 인건비 : 월 2,500천원 (고정급)
- 대출 없음
- 소득세율 : 20%

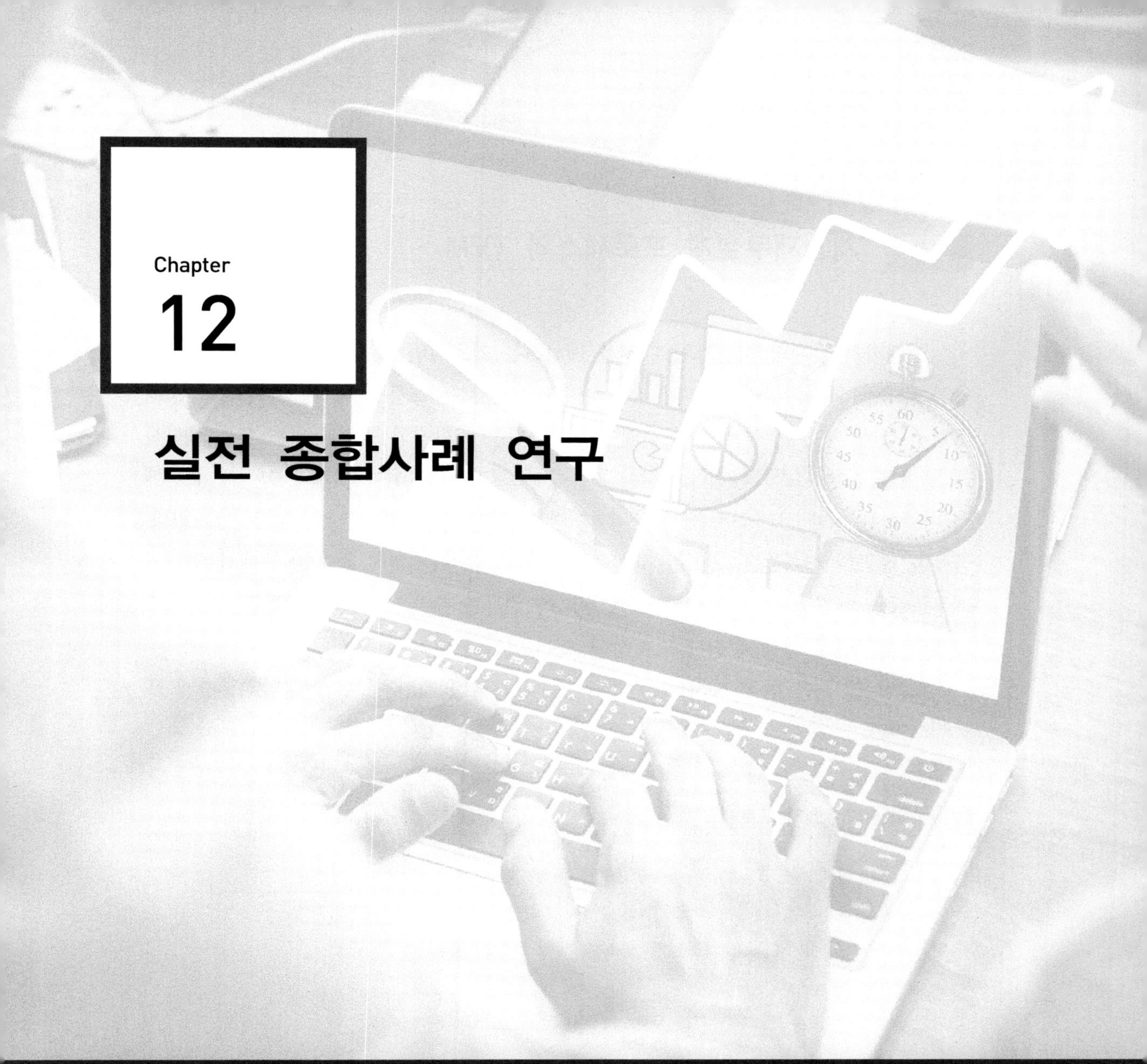

Chapter

12

실전 종합사례 연구

12.1 개인재무설계 프로세스와 TVM

여태까지 화폐의 시간가치 TVM을 계산하는 기초적인 개념부터 응용문제까지 다양한 내용을 학습하였다. 마지막 장인 이번 12장에서는 그동안 학습한 내용을 총정리하면서 실제 개인재무설계 상담 사례에서 나타나는 복합적인 변수가 섞여 있는 종합사례 풀이를 진행하도록 하겠다. 본문 내용 중에도 몇 차례 이야기한 바 있는데 실무에서 마주하는 실제 사례들은 제시된 예제처럼 단순하지 않으며, 상당히 복잡할 수 있다. 금융을 전공한 사람들은 이러한 사실을 인지하고 복잡한 여러 정보들 중에서 고객의 재무목표를 해결할 수 있는 유의미한 정보를 선별할 수 있어야 되며, 이를 바탕으로 고객의 재무설계 안을 수립하고 제시할 수 있어야 한다.

[그림 12-1]은 한국 FPSB에서 제시하는 표준화된 개인재무설계 상담의 6단계 프로세스이다.

그림 12-1 재무설계 프로세스

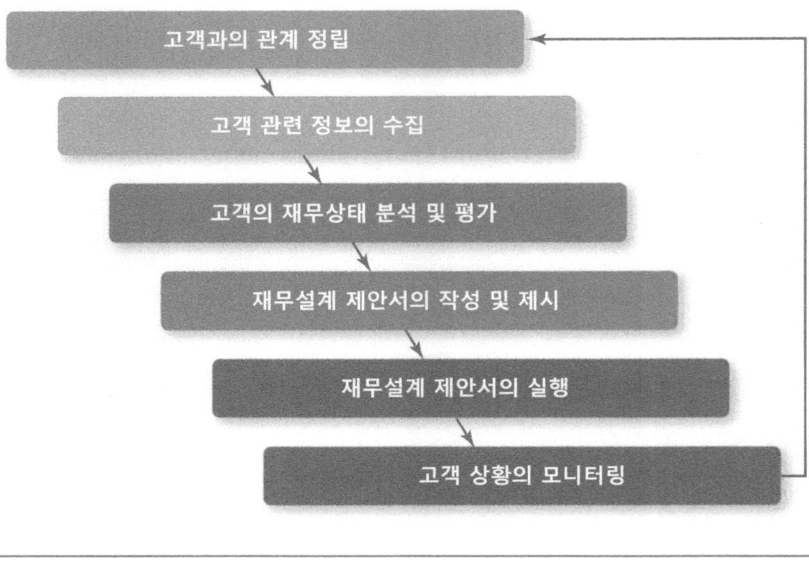

이 과정의 첫 번째 단계인 '고객과의 관계 정립'에서 고객과 인사를 나누고 해당 상담에 대한 안내를 마친 뒤, 두 번째 단계인 '고객 관련 정보의 수집'에서 고객이 이루고자 하는 재무목표들을 파악하고, 이와 관련된 여러 정보를 수집하게 된다. 그리고 세 번째 단계 '고객의 재무상태 분석 및 평가'에서 수집된 정보가 재무목표 달성에 얼마나 적합한지를 따져보게 된다. 이를 바탕으로 네 번째 단계에서 재무설계 안을 작성하고 고객에게 제시하게 되는 것이다.

이러한 재무설계 안을 작성하는 과정에서 화폐의 시간가치 TVM 계산은 절대적인 영향을 미치게 된다. 이번 장에서 제시되는 복합사례, 종합사례 들을 풀이하면서 실전 감각을 익힐 수 있기를 바란다.

아울러 많은 금융 전공자 및 금융권 취업희망자들이 취득을 희망하고 있는 국제공인재무설계사 CFP® 자격시험에서는 이러한 실전 사례 문제 출제를 통해 응시자들이 얼마나 분석 준비가 되어 있는지를 테스트한다. 또한 이 사례형 시험이 많은 도전자들이 가장 어렵게 생각하는 분야 중 하나이다. 본 교재의 과정은 재무계산의 기초와 기본 단계에 해당되지만 기초를 튼튼하게 쌓아서 다양한 응용 과정도 무리 없이 잘 이수할 수 있기를 바란다.

참고로 다음에 소개되는 사례들은 그동안 CFP® 자격시험에서 출제되었던 기출 문제들을 응용하여 작성한 것임을 밝힌다.

12.2 개인재무설계 실전 사례(1)

※ 다음 주어진 정보를 참고하여 [연습 1]~[연습 3] 문제를 풀이하시오.

[고객정보]

본인 : 이인철(45세)

※ 현재는 이인철 씨 기준 45세 초이다.

가족 : 부인 이수지(42세, 주부), 자녀 2명(17세, 15세)

직업 : 대기업 근무, 소득 연 8,000만원(매년 5%씩 상승)

[재무목표 우선순위]

1) 자녀의 교육자금 마련

2) 부부의 은퇴생활자금 마련

[은퇴설계를 위한 정보]

국민연금 : 63세부터 현재물가기준으로 매년 초 8,000천원 수령예상

은퇴자산에 대한 세후투자수익률 : 연 6%

물가상승률 : 연 3.5%

은퇴나이 : 60세

은퇴기간 : 25년(이인철씨 나이 84세말까지)

은퇴 이후 필요한 은퇴자금 : 현재물가기준으로 연 40,000천원

은퇴자금 마련을 위한 저축은 이인철씨 나이 59세말까지 할 예정

[재무상황]

1) 아파트 : 8억원(이인철씨 명의), 60세에 매각하여 50%는 소형아파트를 구입하고, 나머지는 은퇴자산으로 활용할 예정임(아파트 가격은 매년 1% 상승 예정, 매각에 따른 비용/수수료는 3%)

2) 오피스텔 : 4억원(이수지씨 명의), 현재 연 10,000천원의 임대소득이 매년 초 발생(임대소득은 매년 물가상승률만큼 인상되며, 은퇴 이후의 임대소득은 은퇴소득으로 활용할 예정임, 은퇴기간 중 오피스텔에 대한 별도의 처분 계획은 없음)

3) 금융자산

- 예금 : 100,000천원(MMDA 20,000천원, 정기예금 80,000천원)
  70,000천원은 교육자금으로 사용하고, 30,000천원은 은퇴자산으로 활용
- 삼성생명 연금보험 : 60세 초부터 은퇴시점물가기준으로 매년 6,000천원을 25년간 수령 예상

☞ 본격적인 문제풀이에 앞서 이러한 유형의 문제를 풀이할 때의 유의사항을 몇 가지 정리해 보겠다.

- 반드시 타임라인을 그리도록 한다.
- 필요한 정보와 불필요한 정보를 구분한다.
- 주어진 정보 중에서 빠진 것이 없는지 확인한다.
- '59세말'과 같은 정보에 유의하여 정확한 기간(N) 값을 측정한다.
- 예시에 근거하여 문제 해석을 정확히 하며 자의적 해석을 하지 않는다.

위와 같은 유형의 문제는 지문이 상당히 길게 제시된다. 경우에 따라서는 몇 페이지에 거쳐 제시되는 일도 있다. 따라서 과다한 정보가 유입될 수 있으므로 이 중 의미 있는 정보를 포착하는 것에 유념해야 한다. 이것은 이러한 문제풀이뿐만 아니라 실무에서도 마찬가지이다. 고객에 따라 은행, 증권, 보험사의 금융상품만 수십 가지를 보유하고 있는 고객들도 있다. 이 중 원하는 재무목표와 직접 연관이 있는 정보들을 정확하게 잘 선별해 내야한다.

우선 이인철 · 이수지 부부의 타임라인을 그려보면 다음과 같다.

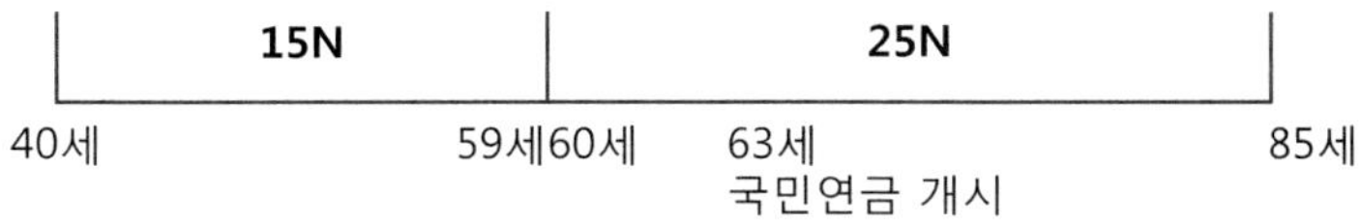

▌연습 1▐ 이인철 · 이수지 부부가 은퇴시점에서 가지고 있을 것으로 추정되는 은퇴자산평가금액을 계산하시오.(단, 임대소득은 고려하지 않음)

주어진 정보 중 은퇴자산으로 사용 예정이라고 언급된 자산은 아파트의 50%와 오피스텔, 예금 중 일부, 마지막 연금보험이 해당된다. 국민연금은 국가에서 실시하는 국민들의 노후를 위한 제도이므로 '자산'에는 포함하지 않고, 연금이 개시된 후에는 '연금소득'에는 포함시켜 계산한다. 문제에서 임대소득은 고려하지 않는다고 하였으므로 오피스텔에 대한 내용을 제외하고, 나머지 은퇴 목적 자산 각각의 가치를 이인철씨 60세 시점으로 맞추어서 구한 뒤 이를 더하면 된다.

① 아파트

매년 1%씩 상승한다고 하였으므로 은퇴시점의 가치를 구하면

−800,000 **PV** , 15 **N** , 1 **I/Y** **CPT** **FV** 928,775.164

그런데 이 중 3%가 수수료 및 비용으로 사용되므로 이 값의 97%

928,775.164×97%=900,911.909

이 중 50%를 은퇴자산으로 활용하기를 원하므로

900,911.909×50%=**450,455.955**

② 예금

보유자산 중 30,000천원만 은퇴자산 활용

−30,000 **PV** , 15 **N** , 6 **I/Y** **CPT** **FV** **71,896.746**

③ 삼성생명 연금보험

은퇴시점인 60세 초부터 매년 6,000천원의 연금이 25년간 지급

[BGN] −6,000 **PMT** , 25 **N** , 6 **I/Y** **CPT** **PV** **81,302.145**

(정액연금이므로 조정수익률 사용 불필요)

④ 오피스텔 : 이 문제에서는 임대소득 반영하지 않음

∴ ①+②+③=**450,455.955+71,896.746+81,302.145**

❙ 연습 2 ❙ 이인철·이수지 부부가 자신들의 은퇴목표를 충족시키기 위해 은퇴시점에서 추가로 필요한 은퇴일시금을 계산하시오.

> • [연습 1]에서 계산된 은퇴시점에서의 은퇴자산평가액은 500,000천원으로 함
> • 국민연금 및 은퇴기간 중 수령하는 임대소득을 반영하여 계산할 것

우선 이 부부가 필요로 하는 필요자금을 계산하기 위한 정보를 확인한다.

• 60세부터 현재물가기준 연 40,000천원 희망

• 국민연금은 63세부터 현재물가기준 연 8,000천원 수령

• 임대소득은 매년 물가상승률만큼 인상 (현재가치 연 10,000천원)

위 사항을 정리하면 연 22,000천원(=40,000천원−8,000천원−10,000천

원)의 은퇴자금 필요. 단 국민연금이 지급되지 않는 60~62세의 3년간은 추가로 8,000천원의 은퇴자금 필요.

① 국민연금과 임대소득 반영한 기본 은퇴자금 계산

22,000 PV, 15 N, 3.5 I/Y CPT FV 36,857.674

[BGN] −36,857.674 PMT, 25 N, (6−3.5)÷1.035= I/Y

CPT PV **702,255.437**

② 국민연금 공백기 필요자금 계산

8,000 PV, 15 N, 3.5 I/Y CPT FV 13,402.791

[BGN] −13,402.791 PMT, 3 N, (6−3.5)÷1.035= I/Y

CPT PV **39,267.517**

③ ①+②=**702,255.437 + 39,267.517 = 741,522.953**

④ [연습 1]에서 계산된 은퇴시점에서의 은퇴자산평가액은 500,000천원으로 판단하기로 했으므로 741,522.953−500,000=**241,522.953천원**

또는 CF 방식으로 해결 가능하다. 예상 현금흐름은

45세~60세 : 0 (15회)

61세~62세 : 30,000천원 (3회)

63세~84세 : 22,000천원 (22회)

CF0=0 ENTER

↓ C01=0 ENTER, ↓ F01=14 ENTER

↓ C02=30,000 ENTER, ↓ F02=3 ENTER

↓ C03=22,000 ENTER, ↓ F03=22 ENTER

NPV I=(6−3.5)÷1.035= ENTER ↓ CPT 309,411.620

309,411.620 PV, 15 N, 6 I/Y CPT FV 741,522.953

741,522.953−500,000=**241,522.953천원**

| 연습 3 | 이인철 · 이수지 부부가 은퇴시점에서 추가로 필요한 은퇴일시금이 250,000천원이라 할 경우 이 금액을 마련하기 위해 이인철 · 이수지 부부가 추가적으로 저축해야 할 첫해 말 저축액을 계산하시오(저축은 10년간 매년 말에 이루어지며 매년 물가상승률만큼 증액함)

250,000천원은 은퇴시점(60세)에 필요한 은퇴일시금이므로

250,000 **FV**, 15 **N**, 6 **I/Y** **CPT** **PV** 104,316.265

[END] 104,316.265 **PV**, 10 **N**, (6−3.5)÷1.035= **I/Y**

CPT **PMT** −11,867.038

∴ 첫 해 저축액=11,867.038×1.035=**12,282.384천원**

[MEMO]

12.3 개인재무설계 실전 사례(2)

※ 다음 자산부채상태표와 현금흐름표를 참고하여 순자산금액을 계산하시오.

자산부채상태표

(20＊1년 12월 31일 현재, 단위 : 천원)

자산		부채와 순자산	
항목	금액	항목	금액
현금자산		**부채**	
저축예금	1,000	1) 주택담보대출 잔액	( )
MMDA	5,210	2) 자동차 할부	( )
해지 환급금	9,798		
현금자산 계	**16,008**	**부채 계**	( )
투자자산			
투자자산 계	**148,110**		
사용자산		**순자산**	( )
아파트	420,000		
자동차	15,000		
기타	34,000		
사용자산 계	**469,000**		
총자산	**633,118**	**부채 및 순자산**	**633,118**

현금흐름표

(20＊1년 1월 1일~12월 31일, 단위 : 천원)

유입		유출	
항목	금액	항목	금액
근로소득		**고정지출**	
김철수 연봉	60,000	주택담보대출상환금	10,786
이영희 연봉	40,000	자동차 할부상환금	11,786
		기타 고정지출	19,839
기타 유입		**변동지출**	**37,589**
예금 만기 환급금	6,124		
		저축 및 투자	**36,124**
총 유입	**106,124**	**총 유출**	**106,124**

1) 주택담보대출은 원금 100,000천원, 매월 말 원리금균등분할상환, 대출기간 15년, 연 7% 월복리, 자산부채상태표 작성일 현재 총 30회차 상환
2) 자동차 할부는 최초 구입대금 30,000천원, 3년 만기, 매월 말 원리금균등분할상환, 연 11% 월복리, 자산부채상태표 작성일 현재 총 17회차 상환

이와 같이 한 가정의 가계재무제표를 제시하고 이를 분석해서 문제를 해결하게 하는 유형도 금융관련 자격시험에서 상당히 자주 출제되는 유형이다. 이를 위해서는 몇 가지 기본적인 원칙을 알아야 하는데 그 내용을 정리해 보면 다음과 같다.

가계 재무제표의 가장 대표적인 것은 자산부채상태표와 현금흐름표이다.

1. 자산부채상태표의 특징

- 특정 시점에서의 한 가정의 자산 및 부채현황을 나타낸 것
  → 예시에서도 '20＊1년 12월 31일 현재'라고 되어 있음
- 자산은 보통 현금자산, 투자자산, 사용자산 등으로 구분
- 좌측 자산의 총 합계와 우측 부채와 순자산의 합계가 일치해야 됨
- 자산＝부채＋순자산, 순자산＝자산－부채

2. 현금흐름표의 특징

- 특정 기간의 한 가정의 유입 및 유출현황을 나타낸 것
  → 예시에서도 '20＊1년 1월 1일~12월 31일'로 되어 있음
- 유입의 합계와 유출의 합계는 항상 일치하여야 됨
- 유입은 소득(근로, 재산, 이전, 사업 등)과 기타 유입으로 구성됨
- 유출은 고정지출, 변동지출, 저축 및 투자로 구분됨
- 고정지출은 변동 가능성이 적고, 정기적 지속적으로 발생되는 경향
  → 세금, 대출 상환금, 보험료 등
- 변동지출은 변동 폭이 크고 일정치 않음
  → 식비, 의복구입비, 교통비 등 대부분의 생활비 지출이 해당됨
- 저축 및 투자는 지출은 아니지만 유출에 해당됨
  → 정기 적금, 적립식 펀드, 저축보험 등에 불입하는 금액
- 현금 유입과 유출은 모든 항목이 빠지지 않고 기록되어야 함

이와 같은 특성을 이해하고 문제를 해결해 보자. 사실 이 문제는 자산부채상태표와 현금흐름표에 대한 기본적인 이해만 가지고 있으면 매우 쉬운 대출 잔액을 구하는 문제이다.

① 주택담보대출 잔액 구하기

주택담보대출은 원금 100,000천원, 매월 말 원리금균등분할상환,

대출기간 15년, 연 7% 월복리, 현재 총 30회차 상환 상태

[END] 100,000 PV , 15×12= N , 7÷12= I/Y

CPT PMT 898.828

30회 상환 후 잔액 : 30 N CPT FV 89,689.227

② 자동차 할부 잔액 구하기

자동차 할부는 원금 30,000천원, 3년 만기, 매월 말 원리금균등분할상환,

연 11% 월복리, 총 17 회차 상환 상태

[END] 30,000 PV , 3×12= N , 11÷12= I/Y

CPT PMT 982.162

17회 상환 후 잔액 : 17 N CPT FV 17,054.925

∴ **부채 계**=①+②=89,689.227+17,054.925

=**106,744.152천원**

∴ **순자산**=총자산(=부채 및 순자산)−부채 계

=633,188−106,744=**526,444천원**

위의 방법 외에 현금흐름표를 이용하여 PMT 값을 계산할 수도 있다. 현금흐름표는 1월 1일부터 12월 31일까지 작성된 표인데, 예를 들어 주택담보대출 상환금이 10,786천원이므로 이를 12로 나누면 898.833천원을 구할 수 있다.

12.4 개인재무설계 실전 사례(3)

※ 다음은 재무설계 프로세스 2단계를 진행하고 확보한 고객정보이다. 이 정보를 활용하여 주어지는 문제들을 계산하시오.

• 상담기준일 : 2025년 1월 1일

Ⅰ. 김성수 · 이은아 부부의 기본정보

1) 가족상황

• 김성수 : 37세, 서경물산 기획팀 과장, 연봉 60,000천원
• 이은아 : 34세, 동일무역 대리, 연봉 40,000천원
• 김영재 : 아들(8세), 올해 초등학교 2학년이 됨
• 김영주 : 딸(7세), 올해 초등학교 입학

2) 거주현황

• 서울시 성북구 소재 아파트 (32평형)
• 아파트는 2022년 6월 말 550,000천원에 구입(주택담보대출 포함)
• 주택담보대출 정보 : 최초 원금 100,000천원, 대출기간 20년, 매월 말 원리금균등분할상환, 대출이율 연 3.2% 월복리
(2024년 12월말 현재 30회차 상환)

Ⅱ. 교육비 관련 정보

• 김영재와 김영주는 각각 16세에 고등학교, 19세에 대학에 입학
• 고등학교 교육비 : 연간 5,000천원씩 3회
• 대학교 교육비 : 연간 10,000천원씩 4회
• 교육비용은 현재물가기준, 매년 물가상승률만큼 상승
• 교육비는 매년 초 필요한 것으로 가정

Ⅲ. 은퇴 관련 정보

- 김성수 씨와 이은아 씨는 은퇴시점까지 지속적으로 직장생활을 할 예정
- 부부의 근로소득은 매년 '물가상승률+0.5%'씩 인상
- 은퇴 후 필요한 연간 수입 : 40,000천원(현재물가기준)
- 은퇴 시점 : 김성수 나이 기준 65세(28년 뒤), 이은아 씨도 동시 퇴직
- 예상 은퇴기간 : 김성수 나이 기준 90세까지(25년간)
- 퇴직 시 세후 예상 퇴직금 : 김성수(170,000천원), 이은아(128,000천원)
  → 지금까지의 퇴직금은 2024년 12월말 중간정산하여 사용하였음.
- 은퇴자산에 대한 세후투자수익률 : 연 5%
- 김성수 국민연금 노령연금액 11,000천원(현재가치기준, 65세초부터 수령)
- 이은아 국민연금 노령연금액 10,000천원(현재가치기준, 65세초부터 수령)

Ⅳ. 자녀결혼 관련 정보

- 예상 결혼연령 : 김영재(30세), 김영주(26세)
- 결혼비용 : 김영재(80,000천원), 김영주(50,000천원)
- 결혼비용은 현재물가기준이며, 매년 물가상승률만큼 상승

Ⅴ. 김성수·이은아 부부의 재무정보

(2024년 12월 31일 현재, 단위 : 천원)

구분	가입일	만기일	가입금액	평가금액	투자목적	명의
MMF	24.1.2	–	5,000	5,210	–	이은아
정기적금	24.1.2	26.1.2	월 500	6,083	결혼	이은아
주식	22.1.2	–	–	12,500	교육	김성수
적립식 주식형펀드	22.1.2	–	월 300	13,400	교육	김성수
거치식 주식형펀드	24.1.2	–	6,124	8,570	은퇴	이은아
장기주택마련저축	18.1.3	48.1.2	월 400	41,630	교육	김성수
KB은행 채권펀드	19.1.3	–	월 300	30,500	은퇴	이은아
신한생명 연금	21.1.2	–	월 900	43,320	은퇴	이은아

Ⅵ. 경제지표 가정

- 세후투자수익률 : 연 5% 연복리, 물가상승률 : 연 2%

| 연습 4 | 김성수, 이은아씨의 2024년 12월말 기준 주택담보대출 잔액을 구하고, 2024년 한 해 동안 상환한 주택담보대출 원금을 계산하시오.

대출조건 : 최초 원금 100,000천원, 대출기간 20년, 매월 말 원리금균등분할상환, 대출이율 연 3.2% 월복리, 2024년 12월말 현재 30회차 상환

① 30회 상환 후 대출 잔액 계산

[END] 100,000 PV, 20×12= N, 3.2÷12= I/Y

CPT PMT −564.663

30 N CPT FV −90,705.679

② 2024년 한 해 동안 상환한 원금 계산

2023년 말 대출 잔액−2024년 말 대출 잔액=2024년 상환 원금

2024년 말이 30회차 상환이므로 2023년 말은 30−12=18회차 상환

18 N CPT FV −94,512.740

∴ 94,512.740−90,705.679=**3,807.061천원**

| 연습 5 | 두 자녀의 결혼자금을 막내 김영주 씨가 결혼할 때까지 마련해 두려고 한다. 부족자금을 마련하기 위해 매월 말 저축해야 하는 금액은 얼마인가? 결혼자금 마련 목적으로 불입하던 정기적금은 더 이상 납입하지 않기로 한다.

자녀의 결혼자금 목적으로 저축한 정기적금 평가액 : 6,083천원

결혼자금 필요시점 타임라인

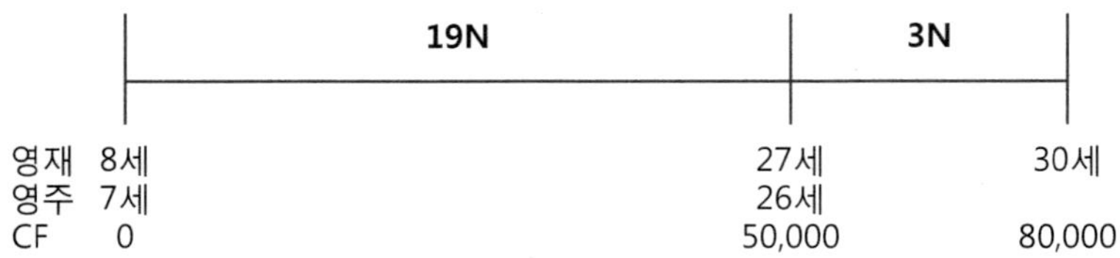

① 필요자금 계산

자녀가 둘 이상인 경우 결혼자금은 CF 방식으로 간편하게 계산할 수 있다.

위 타임라인에서 볼 수 있듯이 현금흐름은 다음과 같이 입력할 수 있다.

CF0 = 0 [ENTER]

[↓] C01 = 0 [ENTER], [↓] F01 = 18 [ENTER]

[↓] C02 = 50,000 [ENTER], [↓] F02 = 1 [ENTER]

[↓] C03 = 0 [ENTER], [↓] F03 = 2 [ENTER]

[↓] C04 = 80,000 [ENTER], [↓] F04 = 1 [ENTER]

[NPV] I = (5 − 2) ÷ 1.02 = [ENTER] [↓] [CPT] 71,104.919

② 부족자금 계산

71,104.919 − 준비자금 6,083 = 65,021.919천원

③ 매월 말 저축금액 계산

※ **주의** : 가정된 투자수익률은 연 5% 연복리인데 저축은 매월 말 이루어지므로 이자계산주기와 저축주기가 불일치하므로 이율변환이 선행되어야 한다.

−100 [PV], 105 [FV], 12 [N], [CPT] [I/Y] 0.407

[2ND] [CLR TVM] [I/Y]

[END] 19 × 12 = [N], 65,021.919 [PV], [CPT] [PMT] **−438.395천원**

▌연습 6▐ 두 자녀의 고등학교와 대학교 교육자금을 현재가치로 계산하고 첫째가 고등학교 입학하기 전까지 부족액을 마련하기 위해 매년 말 저축해야 할 금액을 계산하시오.

교육자금 마련을 위해 저축해 오던 장기주택마련 저축과 적립식 펀드는 더 이상 납입하지 않는 것으로 가정한다.

→ 영재와 영주의 교육비 현금흐름은 다음과 같이 계산해 볼 수 있다.

(단위 : 백만원)

영재나이	8	7N	16	17	18	19	20	21	22	23
영주나이	7		15	16	17	18	19	20	21	22
교육비1	0	0	5	5	5	10	10	10	10	0
교육비2	0	0	0	5	5	5	10	10	10	10
합계	0	0,7N	5	10	10	15	20	20	20	10

① 필요자금 계산

CF0 = 0 [ENTER]

[↓] C01 = 0 [ENTER], [↓] F01 = 7 [ENTER]

[↓] C02 = 5,000 [ENTER], [↓] F02 = 1 [ENTER]

[↓] C03 = 10,000 [ENTER], [↓] F03 = 2 [ENTER]

[↓] C04 = 15,000 [ENTER], [↓] F04 = 1 [ENTER]

[↓] C05 = 20,000 [ENTER], [↓] F05 = 3 [ENTER]

[↓] C06 = 10,000 [ENTER], [↓] F06 = 1 [ENTER]

[NPV] I = (5 − 2) ÷ 1.02 = [ENTER] [↓] [CPT] 77,704.015

② 부족자금 계산

준비자금 = 주식 + 적립식 주식형 펀드 + 장기주택마련저축

= 12,500 + 13,400 + 41,630 = 67,530천원

77,704.015 − 67,530 = 10,174.015

③ 매년 말 저축금액 계산

[END] 10,174.015 [PV], 8 [N], 5 [I/Y],

[CPT] [PMT] **1,574.142천원**

※ 주의 : 8세(초)인 영재가 16세(초)에 고등학생이 되므로 저축은 15세(말)까지 이루어지는 것임. 따라서 저축기간은 8년인 것에 유의할 것

| 연습 7 | 김성수 씨는 [연습 6]에서와 같이 매년 일정한 금액을 저축하는 것보다 급여인상률만큼 매년 저축액을 늘려 적립하기로 했을 때 첫해 말 저축금액을 구하시오.

급여인상률 = 물가상승률 + 0.5% = 2.5% → 증액률

[END] 10,174.015 PV, 8 N, (5 − 2.5) ÷ 1.025 = I/Y,

CPT PMT 1,415.256 첫해 저축액은 × 1.025 = **1,450.638천원**

| 연습 8 | 김성수 · 이은아 부부가 은퇴시점에서 필요한 총 은퇴일시금을 구하시오.

- 부부가 은퇴 후 필요로 하는 연간 수입 : 40,000천원
- 김성수 예상 국민연금액 : 11,000천원(현재가치기준, 65세초부터 수령)
- 이은아 예상 국민연금액 : 10,000천원(현재가치기준, 65세초부터 수령)

① 은퇴 첫해 은퇴소득 부족액

= 40,000 − 11,000 − 10,000 = 19,000천원(현재가치)

② 은퇴시점에서 은퇴 첫해 은퇴소득 부족액

→ ① 값을 물가상승률로 할증

19,000 PV, 28 N, 2 I/Y, CPT FV −33,079.460

③ 은퇴소득 부족액을 위해 필요한 은퇴일시금

[BGN] −33,079.460 PMT, 25 N, (5 − 2) ÷ 1.02 = I/Y

CPT PV 596,864.524

※ **주의** : 이은아 씨의 국민연금 개시가 김성수 씨에 비해 3년 뒤임

④ 이은아 씨 국민연금 부족분

10,000 PV, 28 N, 2 I/Y, CPT FV −17,410.242

[BGN] −17,410.242 PMT, 3 N, (5 − 2) ÷ 1.02 = I/Y

CPT PV 50,752.632

∴ **은퇴시점에서 필요한 총 은퇴일시금**

= 596,864.524 + 50,752.632 = **647,617.156천원**

| 연습 9 | 앞의 고객정보와 다음 가정을 근거로 김성수, 이은아 부부가 은퇴시점에서 은퇴목표를 충족시키기 위해 추가로 필요한 은퇴일시금을 계산하시오.

> [가정]
> - 국민연금과 필요연소득을 감안한 은퇴 시 필요한 일시금은 [연습 8]에서 구한 값을 사용
> - 은퇴시점에서 계산된 은퇴일시금 외에 은퇴예비자금 및 자녀에 대한 상속자금으로 현재 물가기준으로 700,000천원을 추가로 요구함
> - 가용자산은 투자자산 재무정보의 요약표를 참고로 할 것
> - 재무정보 요약표에서 은퇴자금 마련을 위한 KB은행 채권펀드와 신한생명 연금에 대한 투자는 은퇴할 때까지 매월 말 계속 납입함.
> - 은퇴 시 퇴직금은 일시에 수령함.

- 은퇴시점에서 필요한 총 은퇴일시금 : 647,617.156천원

① 은퇴시점의 준비된 은퇴자산 계산

- 은퇴시점의 퇴직금 : 170,000 + 128,000 = 298,000천원
- 은퇴목적 자산의 은퇴시점 가치 계산 : 투자수익률 사용
  (거치식 주식형 펀드, KB은행 채권펀드, 신한생명 연금)
  8,570 + 30,500 + 43,320 = 82,390
  −82,390 **PV**, 28 **N**, 5 **I/Y**, **CPT** **FV** 322,979.440
- KB은행 채권펀드, 신한생명 연금 추가 저축의 은퇴시점 가치 계산
  ※ **주의** : 이자계산주기와 저축주기가 불일치하므로 이율변환 필요
  −100 **PV**, 105 **FV**, 12 = **N**, **CPT** **I/Y** 0.407
  [END] −1,200 **PMT**, 28 × 12 = **N**, 0.407 **I/Y**
  CPT **FV** 859,377.848

② 은퇴예비자금 계산

−700,000 **PV**, 28 **N**, 2 **I/Y**, **CPT** **FV** 1,218,716.944

③ 추가로 필요한 일시금

- 필요자금 = 은퇴일시금 + 은퇴예비자금
  = 647,617.156 + 1,218,716.944 = 1,866,334.100

• 준비자금 = 퇴직금 + 은퇴자산 + 추가 저축액

= 298,000 + 322,979.440 + 859,377.848

= 1,480,357.288

• 추가로 필요한 일시금 = 필요자금 − 준비자금

= **385,976.812천원**

| 연습 10 | 김성수, 이은아 부부가 은퇴 시 추가적으로 필요한 은퇴일시금이 [연습 9]에서 계산한 값일 때 이를 마련하기 위해 아래와 같이 저축할 예정이라면, 첫해 말 저축해야 하는 금액을 계산하시오.

- 올해 말부터 세후투자수익률 연 5%인 상품에 10년간 저축함 (10년간 저축한 원리금은 은퇴시점까지 세후투자수익률로 부리)
- 매년 급여상승률만큼 증액한 금액을 저축하며, 기말에 저축한다.

385,976.812 **FV**, 28 **N**, 5 **I/Y**, **CPT** **PV** −98,460.229

[END] −98,460 229 **PV**, 10 **N**, (5−2.5) ÷ 1.025 = **I/Y**,

CPT **PMT** 11,214.527

∴ 첫 해 저축액 = 11,214.527 × 1.025 = **11,494.890천원**

연습문제 풀이

제1장

문 1 통계청 '통계로 시간여행' 사이트에서 검색

https://kosis.kr/visual/statisticTimeTour/index/index.do

문 2 각자 조사

문 3 ① $FV = 10{,}000{,}000 \times (1+0.04) = \mathbf{10{,}400{,}000}$

② $FV = 10{,}000{,}000 \times (1+0.04) = \mathbf{10{,}400{,}000}$

③ $FV = 10{,}000{,}000 \times (1+0.02)^2 = \mathbf{10{,}404{,}000}$

④ $FV = 10{,}000{,}000 \times (1+0.01)^4 = \mathbf{10{,}406{,}040}$

제2장

문 1 ① 0.857 ② −0.571

문 2 ① 1.03×181÷365 [=] [1/x] ×10,000 = 19,578.394

② 153 [x^2] 23,409

③ 3 [y^x] 7 [=] 2,187

문 3 3.53 [STO] 1, 1.04 [STO] 2

[RCL] 1 또는 [RCL] 2

[2ND] [MEM] [↓] 로 확인

[2ND] [MEM] [2ND] [CLR WORK]

문 4 2ND [DATE] DT1 = 1.1025 ENTER ↓

DT2 = 10.0725 ENTER ↓

DBD CPT = 270

문 5 2ND [DATE] DT1 = 10.1024 ENTER ↓

DT2 = 7.3126 ENTER ↓

DBD CPT = 659

제3장

문 1 1) 미래가치 공식을 이용한 계산

$FV = PV \times (1 + I)^n = 1{,}000 \times (1 + 0.10)^5 = \mathbf{1{,}610{,}510}$**원**

2) 재무계산기를 이용한 계산

−1,000,000 PV, 5 N, 10 I/Y, CPT FV = **1,610,510**

문 2 1) $FV = PV \times (1 + I)^n = 1{,}000 \times (1 + 0.10)^{50} = \mathbf{117{,}390{,}852.88}$

2) −1,000,000 PV, 50 N, 10 I/Y,

CPT FV **117,390,852.88 원**

문 3 10,000,000 FV, 10 N, 5 I/Y, CPT PV −6,139,132.54

문 4 −6,000,000 PV, 7 N, 6 I/Y, CPT FV 9,021,781.55

문 5 −1,000,000 PV, 2,400,000 FV, 10 N, CPT I/Y 9.15

문 6 1,000,000 FV, 30 N, 2 I/Y, CPT PV −552,071

문 7 20,000,000 FV, 3 N, 5 I/Y, CPT PV −17,276,752

문 8 −30,000,000 PV, 45,000,000 FV, 5 N, CPT I/Y 8.45

문 9 100,000,000 FV, 10 N, 6 I/Y, CPT PV −55,839,478

문 10 5,000,000 FV, 5 N, 3 I/Y, CPT PV −4,313,044

제4장

문 1 [END 모드] −5,000 PMT, 8 N, 4.5 I/Y

CPT FV 46,900.068천원

문 2 [BGN 모드] −5,000 PMT, 8 N, 4.5 I/Y

CPT FV 49,010.571천원

문 3 [BGN] −100 PMT. 3×12= N, 4÷12= I/Y

CPT FV 3,830.883천원

문 4 [END] 1,000,000,000 FV, 20 N, 6 I/Y

CPT PMT −27,184,557원

문 5 [BGN] 1,000,000,000 PV, 40 N, 6 I/Y

CPT PMT =−62,699,562원

문 6 [BGN] 20,000 FV, 5 N, 3 I/Y

CPT PMT −3,657.370천원

문 7 [BGN] −500 PMT, 5×12= N, 5÷12= I/Y

CPT FV 34,144.721천원

문 8 [END] −500 PMT, 5×12= N, 5÷12= I/Y

CPT FV 34,003.041천원

문 9 [BGN] −10,000 FV, 3×12= N, 4÷12= I/Y

CPT PMT 261.036천원

문 10 [END] −300,000 PMT, 10×12= N, 3÷12= I/Y

CPT FV 41,922,426원

제5장

문 1 CF0=100 ENTER

↓ C01=200 ENTER, ↓ F01=1 ENTER

↓ C02=300 ENTER, ↓ F02=1 ENTER

↓ C03=400 ENTER, ↓ F03=1 ENTER

NPV I=10 ENTER ↓ CPT 830.278

이것은 현재시점의 가치이므로 투자수익률로 할증

−830.278 PV, 4 N, 10 I/Y, CPT FV 1,215.610

문 2 CF0= −1,000,000 ENTER

↓ C01=50,000 ENTER, ↓ F01=1 ENTER

↓ C02=55,000 ENTER, ↓ F02=3 ENTER

↓ C03=1,060,000 ENTER, ↓ F03=1 ENTER

NPV I=6 ENTER ↓ CPT −22,042.509

IRR CPT 5.479

∴ NPV가 (−), IRR < 요구수익률이므로 투자안 기각

문 3 ※ 자본조달금리보다 투자수익률이 높아야 되므로 이 값을 요구수익률로 사용한다.

① A 사업안

CF0 = −500,000 [ENTER]

[↓] C01 = 200,000 [ENTER], [↓] F01 = 1 [ENTER]

[↓] C02 = 300,000 [ENTER], [↓] F02 = 1 [ENTER]

[↓] C03 = 100,000 [ENTER], [↓] F03 = 1 [ENTER]

[NPV] I = 8 [ENTER] [↓] [CPT] 21,770.055

② B 사업안

CF0 = −200,000 [ENTER]

[↓] C01 = 100,000 [ENTER], [↓] F01 = 2 [ENTER]

[↓] C02 = 50,000 [ENTER], [↓] F02 = 1 [ENTER]

[NPV] I = 8 [ENTER] [↓] [CPT] 18,018.087

∴ **A 사업안이 NPV가 B 사업안보다 높으므로 A 사업안 채택**

문 4 CF0 = 0 [ENTER]

[↓] C01 = 10,000 [ENTER], [↓] F01 = 1 [ENTER]

[↓] C02 = 20,000 [ENTER], [↓] F02 = 1 [ENTER]

[↓] C03 = 30,000 [ENTER], [↓] F03 = 1 [ENTER]

[↓] C04 = 40,000 [ENTER], [↓] F04 = 1 [ENTER]

[NPV] I = 7 [ENTER] [↓] [CPT] 81,819.314

이것은 현재시점의 가치이므로 투자수익률로 할증

−81,819.314 [PV], 4 [N], 7 [I/Y],

[CPT] [FV] **107,248.430천원**

문 5 ① A 사업안

CF0 = −130,000 [ENTER]

[↓] C01 = 60,000 [ENTER], [↓] F01 = 2 [ENTER]

[↓] C02 = 50,000 [ENTER], [↓] F02 = 1 [ENTER]

[NPV] I = 7 [ENTER] [↓] [CPT] 19,295.984

② B 사업안

CF0 = −180,000 [ENTER]

[↓] C01 = 110,000 [ENTER], [↓] F01 = 2 [ENTER]

[NPV] I = 7 [ENTER] [↓] [CPT] 18,881,998

③ C 사업안

CF0 = −360,000 [ENTER]

[↓] C01 = 120,000 [ENTER], [↓] F01 = 1 [ENTER]

[↓] C02 = 110,000 [ENTER], [↓] F02 = 2 [ENTER]

[↓] C03 = 100,000 [ENTER], [↓] F03 = 1 [ENTER]

[NPV] I = 7 [ENTER] [↓] [CPT] 14,310.080

∴ A 사업안의 NPV가 가장 크므로 A 사업안 채택

문 6 1안)

• TVM 방식

−300,000 [PV], 10 [N], 39,000 [PMT],

[CPT] [I/Y] 5.079

• CF 방식

CF0 = −300,000 [ENTER]

[↓] C01 = 39,000 [ENTER], [↓] F01 = 10 [ENTER]

[IRR] [CPT] 5.079

2안) CF0 = −300,000 [ENTER]

[↓] C01 = 25,000 [ENTER], [↓] F01 = 20 [ENTER]

[IRR] [CPT] 5.450

3안) CF0 = −300,000 [ENTER]

[↓] C01 = 22,000 [ENTER], [↓] F01 = 30 [ENTER]

[IRR] [CPT] 6.088

∴ **3안의 IRR이 가장 크므로 3안 채택**

문 7 CF0 = −100,000 [ENTER]

[↓] C01 = 5,000 [ENTER], [↓] F01 = 1 [ENTER]

[↓] C02 = 6,000 [ENTER], [↓] F02 = 1 [ENTER]

[↓] C03 = 6,800 + 118,000 = [ENTER], [↓] F03 = 1 [ENTER]

[NPV] I = 12 [ENTER] [↓] [CPT] −1,922.376

[IRR] [CPT] 11.243

∴ **NPV가 (−)이고 IRR < 요구수익률이므로 투자안 기각**

문 8 ※ 주의 : 100만원이 일정하게 필요하지만 1~4년에는 현금흐름이 없으므로 불규칙한 현금흐름, 즉 CF 방식으로 계산을 하여야 한다.

CF0 = 0 [ENTER]

[↓] C01 = 0 [ENTER], [↓] F01 = 4 [ENTER]

[↓] C02 = 1,000 [ENTER], [↓] F02 = 3 [ENTER]

[NPV] I = 13 [ENTER] [↓] [CPT] **1,448.139천원**

문 9 CF0 = 0 [ENTER]

[↓] C01 = 120,000 [ENTER], [↓] F01 = 1 [ENTER]

[↓] C02 = −30,000 [ENTER], [↓] F02 = 3 [ENTER]

[↓] C03 = 0 [ENTER], [↓] F03 = 2 [ENTER]

[↓] C04 = 280,000 [ENTER], [↓] F04 = 1 [ENTER]

[NPV] I = 7.5 [ENTER] [↓] [CPT] 207,826.468

문 10 ※ 주의 : 이와 같은 문제는 타임라인을 그려서 정확한 현금흐름을 파악하는 것이 가장 중요하다.

연도	현금흐름
20 * 1	CF0 = −400,000
20 * 2	0
20 * 3	100,000 − 50,000 = 50,000
20 * 4	−50,000
20 * 5	−50,000
20 * 6	−50,000
20 * 7	0
20 * 8	1,000,000 − 100,000 = 900,000

CF0 = −400,000 [ENTER]

[↓] C01 = 0 [ENTER], [↓] F01 = 1 [ENTER]

[↓] C02 = 50,000 [ENTER], [↓] F02 = 1 [ENTER]

[↓] C03 = −50,000 [ENTER], [↓] F03 = 3 [ENTER]

[↓] C04 = 0 [ENTER], [↓] F04 = 1 [ENTER]

[↓] C05 = 900,000 [ENTER], [↓] F05 = 1 [ENTER]

[NPV] I = 10 [ENTER] [↓] [CPT] 402.141

[IRR] [CPT] 10.015

∴ **NPV가 (+)이고 IRR > 요구수익률이므로 투자안 채택**

제6장

문 1 ① 실질금리 = 4.0% − 1.7% = 2.3%

② 명목금리 = 1.5% + 1.7% = 3.2%

문 2 ① −100 PV, 4 N, 10 ÷ 4 = I, CPT FV 110.38

∴ 실효이자율 = 10.38%

② −100 PV, 52 N, 10 ÷ 52 = I, CPT FV 110.51

∴ 실효이자율 = 10.51%

문 3 −1,000 PV, 4 × 4 = 16 N, 10 ÷ 4 = I, CPT FV 1,484.51

문 4 ① −100 PV, 12 N, 8 ÷ 12 = I/Y, CPT FV 108.30

∴ 108.30 − 100 = 8.30%

② −100 PV, 4 N, 8 ÷ 4 = I/Y, CPT FV 108.24

∴ 108.24 − 100 = 8.24%

③ −100 PV, 4 N, 8 ÷ 4 = I/Y, CPT FV 108.24

12 N CPT I/Y 0.66 × 12 = 7.92%

문 5 ① −100 PV, 107 FV, 2 N,

CPT I/Y 3.441 × 2 = **6.882%**

② −100 PV, 107 FV, 4 N,

CPT I/Y 1.706 × 4 = **6.823%**

③ −100 PV, 107 FV, 12 N,

CPT I/Y 0.565 × 12 = **6.785%**

문 6 연복리를 월복리로 이율변환

−100 PV, 105 FV, 12 N, CPT I/Y 0.407

2ND [CLR TVM] I/Y

[END] −500 PMT, 5 × 12 = N, CPT FV **33,906.869천원**

문 7 ① −10,000 PV, 5 N, 5 I/Y, CPT FV 12,762.82

② −10,000 PV, 5×12= N, 4.8÷12= I,

CPT FV 12,706.41

③ −10,000 PV, 5×4= N, 4.9÷4= I,

CPT FV =12,757.21

∴ ①번 값이 가장 우수하다.

문 8 ① (7−1.5)÷1.015=**5.419%**

② (2−2.5)÷1.025=**−0.488%**

③ (7−10)÷1.10=**−2.727%**

문 9 ① 2스텝 방식

−45,000 PV, 5 N, 2.5 I/Y CPT FV 50,913.370

50,913.370 FV, 5 N, 4 I/Y CPT PV **41,847.079**

② 조정수익률 방식

−45,000 FV, 5 N, (4−2.5)÷1.025= I/Y

CPT PV **41,847.08 천원**

문 10 100,000 FV, 10 N, (4.2−2)÷1.02= I/Y

CPT PV **80,783.846 천원**

제7장

문 1 40,000 FV, 15 N, (5−3)÷1.03= I/Y,

CPT PV **−29,976.359 천원**

문 2 10,000 **FV**, 3 **N**, (5−2.5)÷1.025= **I/Y**

CPT **PV** **−9,302.586 천원**

문 3 50,000 **FV**, 7 **N**, (5−1.5)÷1.015= **I/Y**

CPT **PV** −39,437.303

[BGN] −39,437.303 **PV**, 7 **N**, (5−3)÷1.03= **I/Y**

CPT **PMT** **5,964.090천원**

문 4 [END] −39,437.303 **PV**, 7 **N**, (5−3)÷1.03= **I/Y**

CPT **PMT** 6,079.898

6,079.898×1.03=**6,262.295천원**

문 5 100,000 **FV**, 5 **N**, (4−2)÷1.02= **I/Y**

CPT **PV** −90,747.394

[END] −90,747.394 **PV**, 5 **N**, (4−10)÷1.10= **I/Y**

CPT **PMT** =15,290.467

15,290.467×1.10=**16,819.514천원**

문 6 20,000 **FV**, 5 **N**, 6 **I/Y**, CPT **PV** −14,945.163

① 매년 초 증액저축 [BGN]

−14,945.163 **PV**, 5 **N**, (6−5)÷1.05= **I/Y**

CPT **PMT** **3,045.964천원**

② 매년 말 증액저축 [END]

−14,945.163 **PV**, 5 **N**, (6−5)÷1.05= **I/Y**

CPT **PMT** 3,074.973

첫 해말 저축액 3,074.973×1.05=**3,228.722천원**

문 7 [BGN] 10,000 PMT, 3 N, (5−3)÷1.03= I/Y

CPT PV **−29,432.200천원**

문 8 [END] 10,000÷1.03= PMT, 3 N, (5−3)÷1.03= I/Y

CPT PV **−28,030.666천원**

문 9 [BGN] 6,500 PMT, 10 N, (12.5−6)÷1.06= I/Y

CPT PV −50,457.977

−50,457.977 PV, 10 N, 12.5 I/Y

CPT FV **163,853.250천원**

문 10 [END] 5,000÷1.1 PMT, 20 N, (5−10)÷1.10= I/Y

CPT PV −153,552.398

−153,552.398 PV, 20 N, 5 I/Y

CPT FV **407,420.224천원**

제8장

문 1 [방법 1-1]

① [BGN] −12,000 PMT, 4 N, (5.5−3)÷1.03= I/Y

CPT PV 46,320.633

② 46,320.633 PV, 8 N, 3 I/Y CPT FV −58,677.592

③ −58,677.592 FV, 8 N, 5.5 I/Y CPT PV 38,234.253

④ [BGN] 38,234.253 PV, 8 N, 5.5 I/Y

CPT PMT **−5,721.149천원** → 동일 금액 적립 : 투자수익률 5.5% 적용

[방법 1-2]

① [BGN] −12,000 **PMT**, 4 **N**, (5.5−3)÷1.03= **I/Y**

CPT **PV** 46,320.633

② 46,320.633 **FV**, 8 **N**, (5.5−3)÷1.03= **I/Y**

CPT **PV** −38,234.253

③ [BGN] −38,234.253 **PV**, 8 **N**, 5.5 **I/Y**

CPT **PMT** **5,721.149천원**

[방법 2] CF 방식

현재	1	2	3	4	5	6	7	8	9	10	11
0	0	0	0	0	0	0	0	12	12	12	12

① CF0=0 **ENTER**

↓ C01=0 **ENTER**, **↓** F01=7 **ENTER**

↓ C02=12,000 **ENTER**, **↓** F02=4 **ENTER**

NPV I=(5.5−3)÷1.03= **ENTER** **↓** **CPT** 38,234.253

② [BGN] 38,234.253 **PV**, 8 **N**, 5.5 **I/Y**

CPT **PMT** **5,721.149천원**

문 2 ① [BGN] −10,000 **PMT**, 4 **N**, (6−4)÷1.04= **I/Y**

CPT **PV** 38,882.097

② 38,882.097 **FV**, 10 **N**, (6−4)÷1.04= **I/Y**

CPT **PV** −32,138.413

③ [END] −32,138.413 **PV**, 10 **N**, 6 **I/Y**

CPT **PMT** **4,366.581천원**

→ 동일 금액 적립이므로 투자수익률 6% 적용,
첫해 말 저축액 증액률로 올릴 필요 없음

문 3 [CF 방식]

① CF0 = 0 ENTER

↓ C01 = 0 ENTER, ↓ F01 = 9 ENTER

↓ C02 = 10,000 ENTER, ↓ F02 = 4 ENTER

NPV I = (7 − 5) ÷ 1.05 = ENTER ↓ CPT 32,204.763

② [END] 32,204.763 PV, 10 N, (7 − 5) ÷ 1.05 = I/Y

CPT PMT 3,567.403 → 증액저축이므로 × 1.05 = **3,745.772천원**

문 4 ※ 주의 : 교육비 상승률 ≠ 증액률

[BGN] − 12,000 PMT, 4 N, (6 − 3) ÷ 1.03 = I/Y

CPT PV 46,000.440

46,000.440 FV, 8 N, (6 − 3) ÷ 1.03 = I/Y

CPT PV − 36,562.562

[BGN] − 36,562.562 PV, 8 N, (6 − 5) ÷ 1.05 = I/Y

CPT PMT **4,723.114천원**

문 5 [BGN] − 10,000 PMT, 4 N, (6 − 2) ÷ 1.02 = I/Y

CPT PV 37,792.271

37,792.271 FV, 10 N, (6 − 2) ÷ 1.02 = I/Y

CPT PV − 25,724.448

[END] − 25,724.448 PV, 10 N, 6 I/Y

CPT PMT 3,495.128

문 6 [END] − 25,724.448 PV, 10 N, (6 − 2) ÷ 1.02 = I/Y

CPT PMT 3,159.220 → 증액저축이므로 × 1.02 = **3,222.405천원**

문 7 [END] −25,724.448 **PV**, 10 **N**, (6−5)÷1.05= **I/Y**

CPT **PMT** 2,709.107 → 증액저축이므로×1.05=**2,844.563천원**

문 8 [END] −25,724.448+10,000 **PV**, 10 **N**, (6−5)÷1.05= **I/Y**

CPT **PMT** 1,655.982 → 증액저축이므로×1.05=**1,738.781천원**

문 9 [BGN] −24,000 **PMT**, 4 **N**, (6−5)÷1.05= **I/Y**

CPT **PV** 94,650.033

94,650.033 **FV**, 9 **N**, (6−5)÷1.05= **I/Y**

CPT **PV** −86,910.385

[BGN] −86,910.385 **PV**, 9 **N**, 6 **I/Y**

CPT **PMT** **12,054.490천원**

문 10 [BGN] −40,000 **PMT**, 4 **N**, (6−5)÷1.05= **I/Y**

CPT **PV** 157,750.055

157,750.055 **FV**, 9 **N**, (6−5)÷1.05= **I/Y**

CPT **PV** −144,850.642

[END] −144,850.642 **PV**, 9 **N**, (6−4)÷1.04 **I/Y**

CPT **PMT** 17,681.350→ 증액저축이므로×1.04=**18,388.604천원**

제9장

문 1 [END] 900,000 **PV**, 30 **N**, 4 **I/Y**, **CPT** **PMT**

−52,047.089천원

문 2 PMT를 구하고, 일정 기간 후 대출 잔액을 묻는 문제

[END] 1,000,000 PV, 120 N, 9÷12= I/Y, CPT PMT

−12,667.577

대출 시점은 2025년 1월초, 현재 시점은 2026년 12월이므로 상환 횟수는 23회이므로

23 N, CPT FV **−870,805.587천원**

문 3 ① [END] 100,000 PV, 30 N, 10 I/Y, CPT PMT

−10,607.925

② 표현은 다르지만 대출 잔액 문제

5 N, CPT FV **−96,288.558천원**

또는 AMORT 기능 이용

[END] 100,000 PV, 30 N, 10 I/Y, CPT PMT

2ND [AMORT] P1=1 ENTER ↓, P2=5 ENTER ↓

BAL=**96,288.558** ↓ (② 대출 잔액)

PRN=−3,711.442 (③ 상환 원금)

INT=−49,328.183 (④ 상환한 이자)

⑤ 총 부담 원금과 이자의 합계 금액=30×PMT

=30×10,607.925=**318,237.750**

문 4 거치기간이 있는 대출의 중간 시점 잔액 문제로 실제 상환 기간은 2년

[END] 200,000 PV, 17 N, 5 I/Y,

CPT PMT −17,739.828

2 N, CPT FV −184,133.352

문제에서 묻고 있는 것은 원금상환액이므로 최초대출금−현재 잔액

=200,000−184,133.352=**15,866.648천원**

또는 PMT 계산 후

2ND [AMORT] P1=1 ENTER ↓, P2=2 ENTER ↓

BAL=184,133.352 ↓

PRN=−**15,866.648천원**

문 5 먼저 PMT를 구하는 기존 문제와 달리 PMT를 제시하고 상환 기간을 구한 뒤 마지막 상환금액을 구하는 문제

[END] 200,000 PV, −20,000 PMT, 4.5 I/Y, CPT N

13.58 → 13.58년 동안 상환하여야 하므로 총 상환 횟수는 14회

14년 말의 대출 잔액을 구하면

14 N, CPT FV 8,253.203

→ 이 의미는 20,000천원씩 14년을 상환하면 마지막 년도에는 8,253.203원이 초과 상환된다는 것임. 따라서 8,253.203−20,000=−11,746.797

∴ 마지막 해에는 **11,746.797천원**을 상환하면 됨

문 6 이 문제는 여러 방법으로 해결할 수 있다.

방법 I] 류수한 씨의 계획대로 300천원씩 36개월 상환하는 현금흐름의 현재가치를 구해서 대출 원금과 비교

[END] 300 PMT, 36 N, 8.5÷12= I/Y, CPT PV

−9,503.434 vs 12,000 부족한 값은 2,496.566

2,496.566 PV, 36 N, 8.5÷12= I/Y, CPT FV

3,218.828 그런데 맨 처음의 PMT 계산에서 300천원을 36번 납입하는 것으로 계산하였으므로 마지막 상환액은

3,218.828+300=**3,518.828천원**

방법 II] 대출 원금을 (−)PV로 설정하고 36회차의 FV계산

[END] −12,000 PV 300 PMT, 36 N, 8.5÷12= I/Y,

CPT FV 3,218.828 나머지 과정은 방법 I과 동일

방법 Ⅲ] 35회차 상환 후 잔액 확인

[END] −12,000 PV 300 PMT, 35 N, 8.5÷12= I/Y,

CPT FV 3,494.079 → 이 값이 마지막 회차에 얼마인지 계산

3,494.079 PV, 1 N, 8.5÷12= I/Y, CPT FV

방법 Ⅳ] 12,000천원을 36개월 동안 상환하는 PMT를 계산

[END] 12,000 PV, 36 N, 8.5÷12= I/Y, CPT PMT

−378.810

즉 378.810천원씩 상환해야 되는데 류수한 씨는 300천원씩 상환 계획

부족한 78.810천원의 FV 계산

78.810 PMT, 36 N, 8.5÷12= I/Y, CPT FV 3,218.828

나머지 과정은 방법 I과 동일

문 7 역모기론이란 개념은 생소할 수 있지만, 계산 방식은 동일

[END] 300,000 PV, 20×12= N, 3÷12= I/Y, CPT PMT

−1,663.793천원

문 8 [END] 5,000 PV, 11 N, 10÷12= I/Y, CPT PMT

−477.587 PMT, 36 N, 10÷12= I/Y,

CPT PV **14,801.012천원**

문 9 [END] 6,500 PV, 24 N, 8÷12= I/Y, CPT PMT

−293.977 PMT, 36 N, 8÷12= I/Y,

CPT PV **9,381.349천원**

문 10 대출원금 : [END] −20,000 PMT, 5 N, 5 I/Y, CPT PV

86,589.533천원

총 상환 원리금 : 20,000천원×5=100,000천원

제10장

문 1 [END] 200,000 PV, 10 N, 5 I/Y, CPT PMT

−25,900.915천원

문 2 [BGN] 40,000 PMT, 20 N, 5 I/Y CPT PV −523,412.834

문 3 [BGN] 200,000 PV, 15 N, 5 I/Y, CPT PMT −18,350.912

문 4 [BGN] 20,000 PMT, 30 N, 5.5 I/Y CPT PV

−306,662.023

[END] −306,662.023 FV, 10 N, 6 I/Y

CPT PMT **23,265.822천원**

문 5 PV와 PMT의 부호가 서로 달라야 함에 유의할 것

300,000 PV, 15 N, −30,000 PMT,

CPT I/Y **5.556%**

문 6 1,000 PMT, 20×12= N, 6÷12= I/Y,

CPT PV **−139,580.772천원**

문 7 PMT가 20,000천원이 아님에 유의, 증액저축의 미래가치는 바로 FV를 구하면 안되고 증액저축의 현재가치(PV)를 구해서 투자수익률로 올려줘야 됨에 유의할 것

[END] 20,000÷1.04= PMT, 10 N, (5−4)÷1.04= I/Y

CPT PV −182,516.830

−182,516.830 PV, 10 N, 5 I/Y,

CPT FV **297,300.684천원**

문 8 [BGN] 297,300.684 PV , 20 N , (5−3)÷1.03= I/Y ,

CPT PMT 17,735.506

17,735.506 FV , 10 N , 3 I/Y ,

CPT PV **13,196.882천원**

문 9 (100,000×0.04)÷1.04=**3,846.154천원**

문 10 1. 은퇴시점에 필요한 일시금

① −30,000 PV , 17 N , 1.5 I/Y CPT FV 38,640.610

② [BGN] 38,640.610 PMT , 25 N , (6−1.5)÷1.015= I/Y

CPT PV −602,490.937

2. 1번을 위해 현재 필요한 자금

−602,490.937 FV , 17 N , 6 I/Y

CPT PV 223,743.696

3. 첫 해 저축액

[END] 223,743.696 PV , 17 N , (6−1.5)÷1.015= I/Y

CPT PMT 19,015.038

∴ 첫 해 저축액=19,015.038×1.015=**19,300.263천원**

제11장

문 1 • 주택의 10년 후 처분 가치

1,000,000 PV , 10 N , 1 I/Y , CPT FV −1,104,622.125

• 수수료 및 비용 제외 처분가=상가 매입액

1,104,622.125×0.97=1,071,483.462

• 첫해 말 상가 임대소득 = 1,071,483.462 × 0.05 = 53,574.173

단, 이 금액은 첫해 말 금액이므로 증액률로 할인

PMT(E) = 53,574.173 ÷ 1.02 = 52,523.699

[END] 52,523.699 PMT, 25 N, (5 − 2) ÷ 1.02 = I/Y

CPT PV **920,626.631천원**

문 2 • 예상 현금흐름

35~52세 : 30,000천원, 18회 발생

53~55세 : 25,000천원, 3회 발생

56~65세 : 20,000천원, 10회 발생

65세 이후 : 15,000천원, 25회 발생

CF0 = 30,000 ENTER

↓ C01 = 30,000 ENTER, ↓ F01 = 17 ENTER

↓ C02 = 25,000 ENTER, ↓ F02 = 3 ENTER

↓ C03 = 20,000 ENTER, ↓ F03 = 10 ENTER

↓ C04 = 15,000 ENTER, ↓ F04 = 25 ENTER

NPV I = (4 − 1.5) ÷ 1.015 = ENTER ↓ CPT

731,415.810천원

문 3 (1) 시장이자율이 6%인 경우

[END] 500 PMT, 3 N, 6 I/Y, 10,000 FV

CPT PV **9,732.699천원**

(2) 시장이자율이 4%인 경우

[END] 500 PMT, 3 N, 4 I/Y, 10,000 FV

CPT PV **10,277.509천원**

문 4 • 빌딩의 5년 후 가치 : −1,000,000 **PV** , 5 **N** , 5 **I/Y** ,

CPT **FV** 1,276,281.563

CF0 = −1,000,000 **ENTER**

↓ C01 = 50,000 **ENTER**, **↓** F01 = 4 **ENTER**

↓ C02 = 50,000 + 1,276,281.563 = **ENTER**, **↓** F02 = 1 **ENTER**

NPV I = 8 **ENTER** **↓** **CPT** 68,251.288

IRR **CPT** 9.565%

∴ **NPV가 (+)값이고, IRR > 요구수익률이면 투자 타당**

문 5 부동산 ATCF 계산

	단위당 예상 임대료	12,000
×	임대 단위 수	5
	가능 총소득 [potential gross income : PGI]	60,000
−	공실 및 대손충당금 [vacancy & loss allowance]	6,000
+	기타 수익	6,000
	유효 총소득 [effective gross income : EGI]	60,000
−	영업 경비 [operating expenses : OE]	30,000
	순영업 소득 [net operating income : NOI]	30,000
−	대출 원리금 상환액 [debt service : DS]	0
	세전 현금흐름 [before tax cash flow : BTCF]	30,000
−	소득세 [taxes from operation]	6,000
	세후 현금흐름 [after tax cash flow : ATCF]	**24,000**

참고문헌

- 김민정 외, AFPK 재무설계 개론(한국 FPSB, 2019)
- 우재룡 외, AFPK 투자설계(한국 FPSB, 2019)
- 안철경 외, AFPK 위험관리와 보험설계(한국 FPSB, 2019)
- 이경우 외, AFPK 은퇴설계(한국 FPSB, 2019)
- 강신기 외, 개인재무설계 사례집(한국 FPSB, 2019)
- 서명교, CFP 합격을 위한 TVM 기초부터 K율까지 완전 마스터(이패스코리아, 2018)
- 해커스 금융아카데미, 해커스패스 CFP TVM 단기완성(해커스패스, 2014)
- 홍영진, 친절한 홍 교수의 쏙쏙 TVM(와우패스, 2014)
- ㈜탑게인, BA-II + (Professional) 재무계산기 활용서(V 2.2)(㈜탑게인, 2006)
- 함형준, 금융의 이해(유원북스, 2019)

[저자 약력]

함 형 준

저자는 대학 졸업 후 10년간 정보통신 업계에서 유통관리, 마케팅, 전략기획, 사업기획 부서를 두루 거쳤다. 이후 금융업에 투신하여 많은 고객의 재무설계, 자산관리 상담을 통해 실전 경험을 쌓았으며, 웰스매니지먼트학 석사 및 경영학 박사 학위를 취득하였다. 또한 국제공인재무설계사(CFP®, CERTIFIED FINANCIAL PLANNER™) 자격과 함께 증권, 투자, 보험, 세무회계 등 다수의 금융 자격증을 보유하고 있다.

현재 서경대학교 금융정보공학과 교수로서 금융상품분석기초, 금융수학 등의 전공수업과 스무살 부자되기 등의 교양강좌를 진행하고 있다. 20년 이상 사회 여러 분야에 쌓은 다양한 경험을 바탕으로 한 실무 중심형 강의로 서경대학교 우수강의 교원으로 3차례 선정되기도 하였다.

TVM 중심의
알기쉬운 금융수학 (제2판)

2024년 9월 2일 제2판 발행
2021년 3월 1일 초 판 발행

저 자 함 형 준
발행인 이 구 만
발행처 유원북스
04091 서울특별시 마포구 토정로 222, 416호
(신수동, 한국출판콘텐츠센터)
TEL (02)593-1800 FAX (02)6455-1809
등록 2011. 9. 6. 제25100-2012-3호
www.uwonbooks.com uwbooks@daum.net

정 가 23,000원 ISBN 979-11-6288-201-6 (93320)